Calligraphy and Hand Lettering

FOR BEGINNER

With alphabet guide and practice sheet
4 Section with 4 Font Type
and Free Form Lettering For Beginner's

enjoy the little things

Table of Content

Section 1

    Angle Form with Type Font 1   (5)

    Angle Free Form   (20)

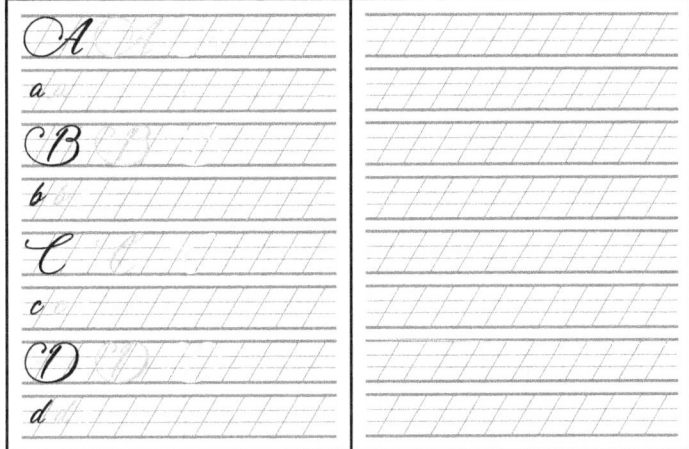
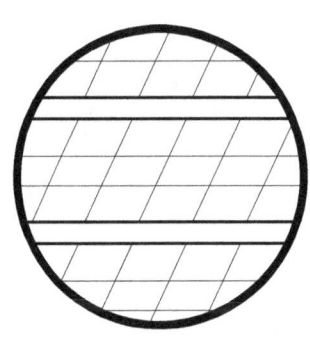

Section 2

    Straight Form with Type Font 2   (31)

    Straight Free Form   (46)

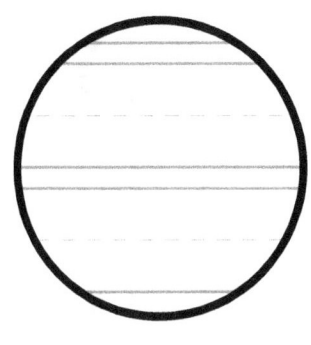

Table of Content

Section 3

    Graph Form with Type Font 3   (57)

    Graph Free Form   (72)

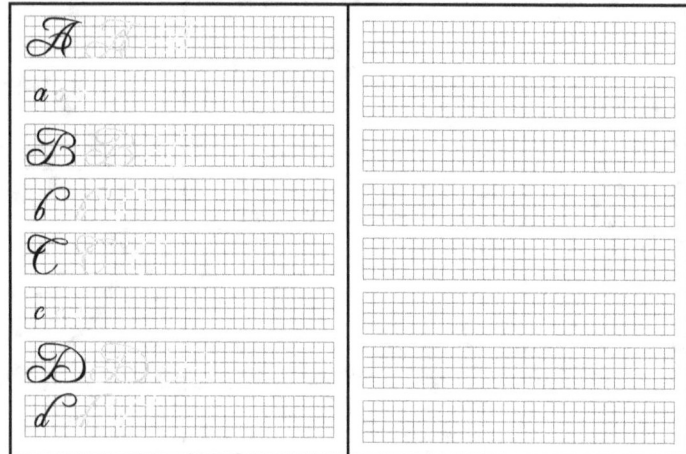
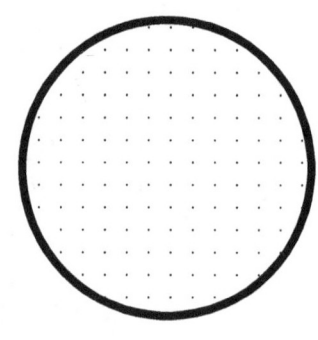

Section 4

    Dot Grid Form With type Font 4   (83)

    Dot Grid Free Form   (98)

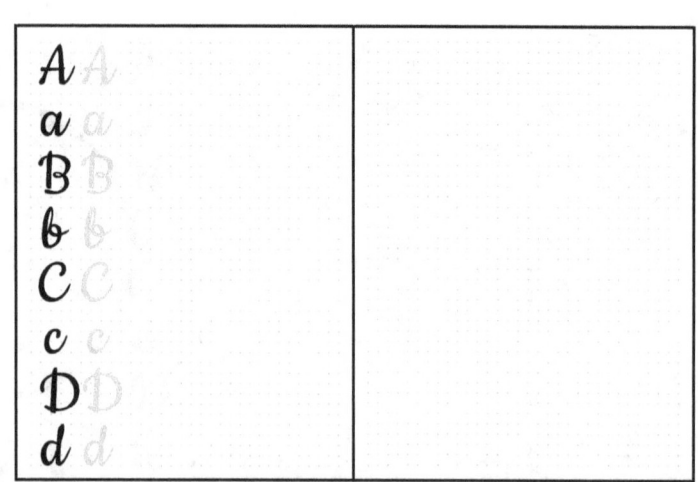
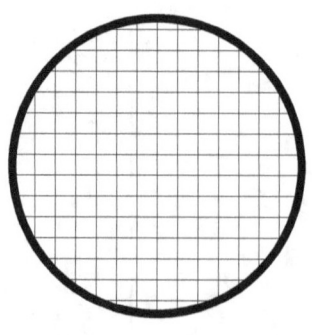

Section 1: Angle Lined Form

A a
B b
C c
D d

A A

a a

B B

b b

C C

c c

D D

d d

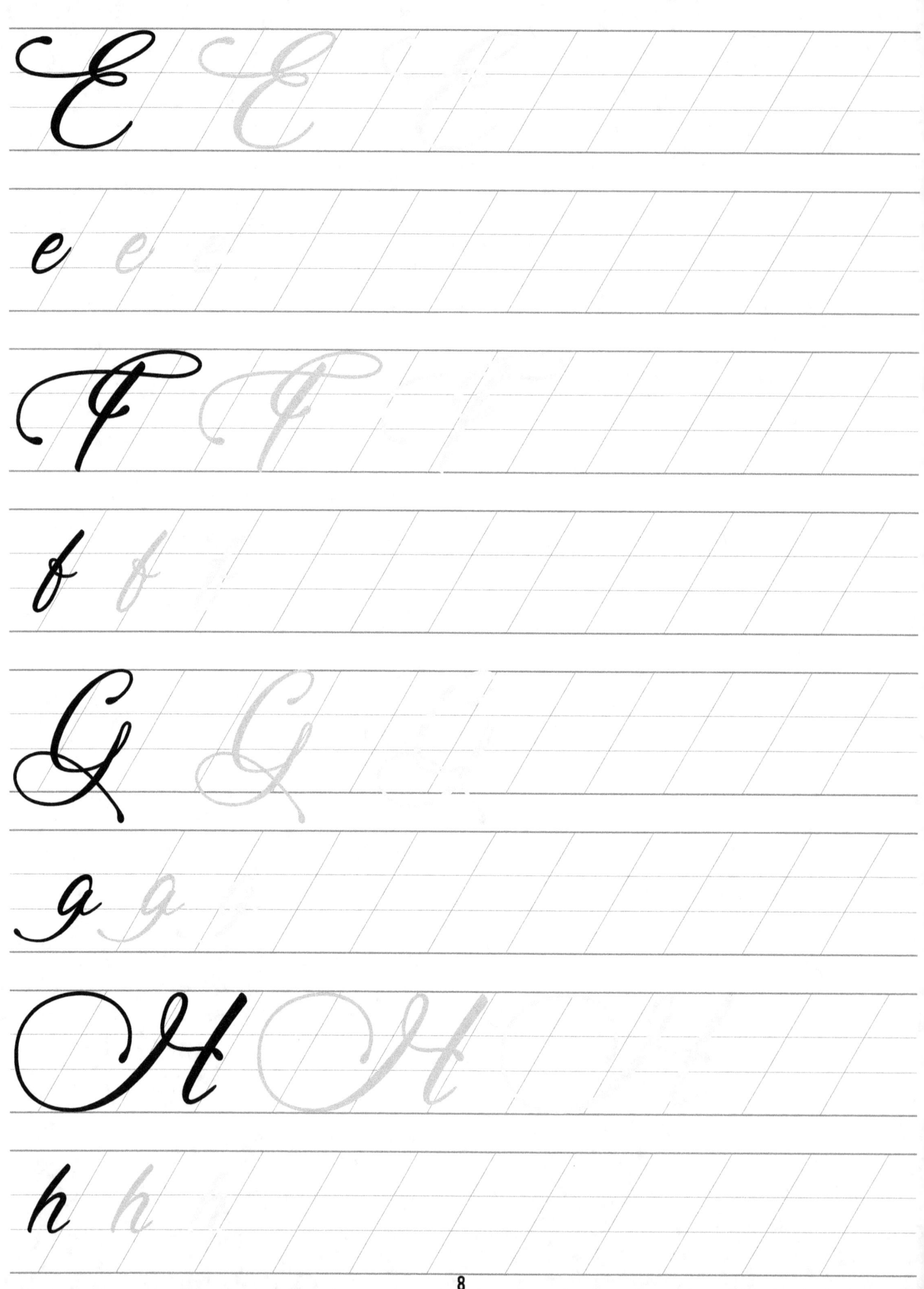

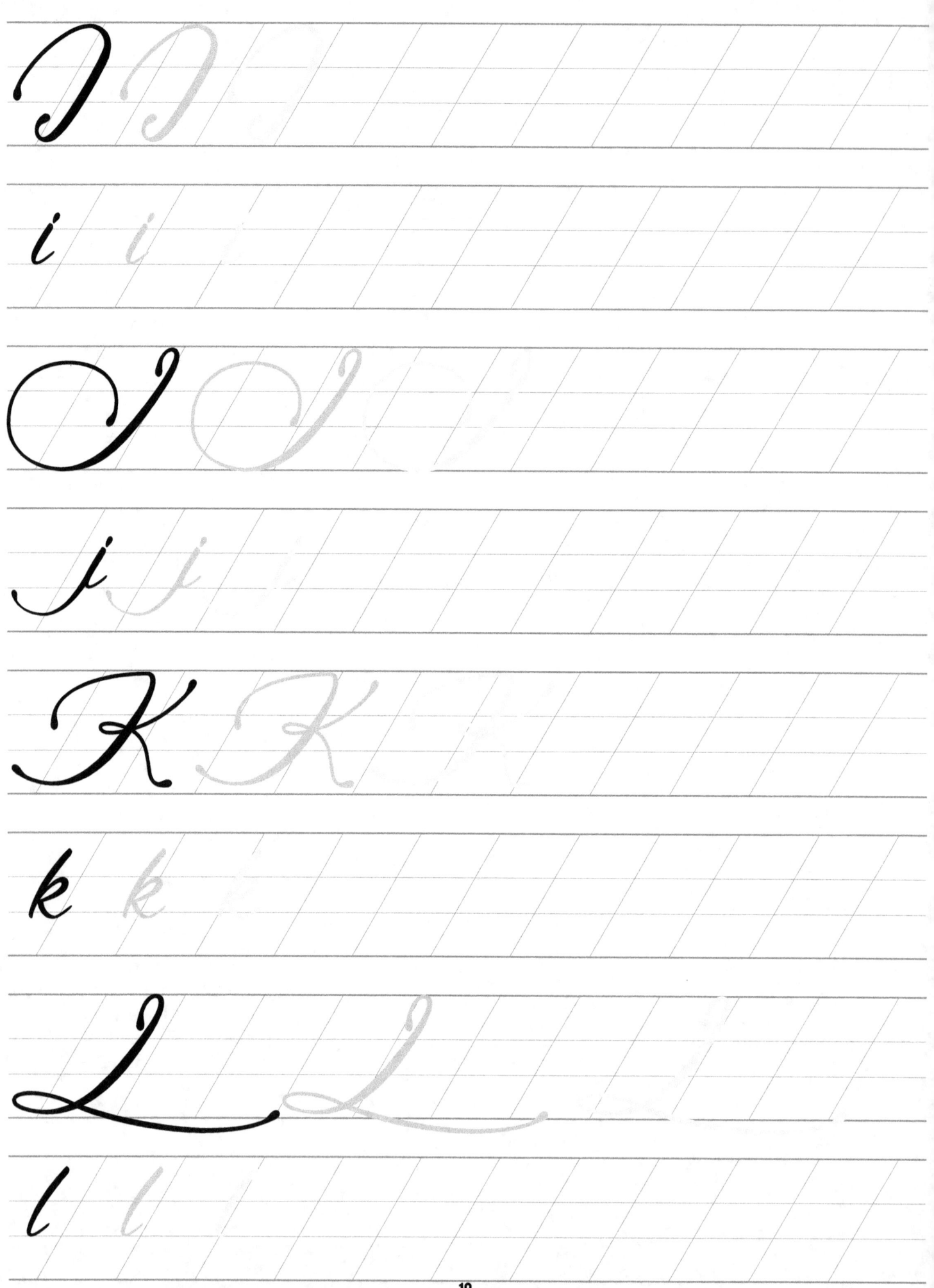

M M

m m

N N

n n

O O

o o

P P

p p

Q q

R r

S s

T t

U u

V v

W w

X x

Y

y

Z

z

Practice

Script

Lettering

Dear

Section 2: Straight Line Form

A
a
B
b
C
c
D
d

𝒜 𝒜

a a

ℬ ℬ

b b

𝒞 𝒞

c c

𝒟 𝒟

d d

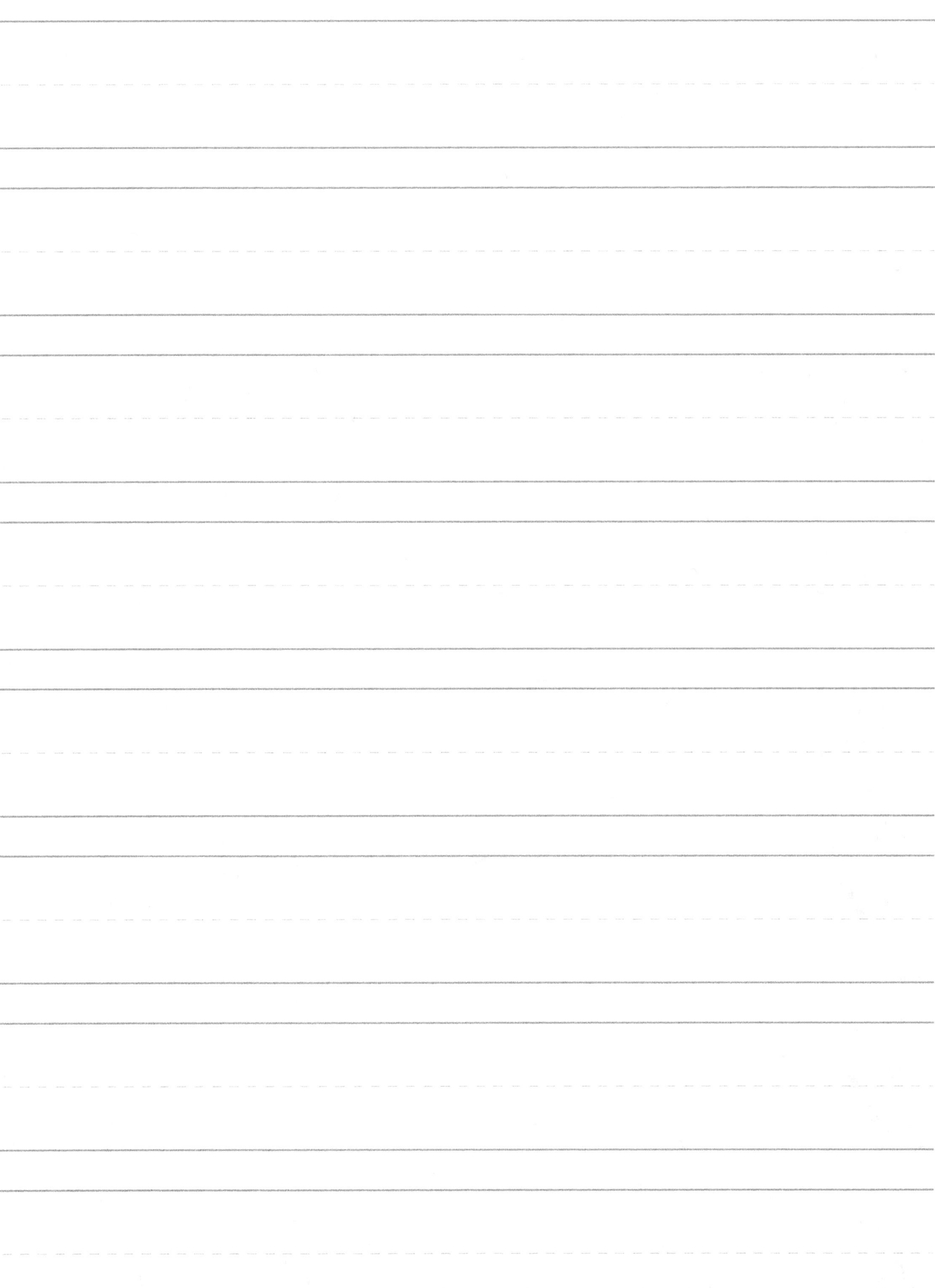

E

e

F

f

G

g

H

h

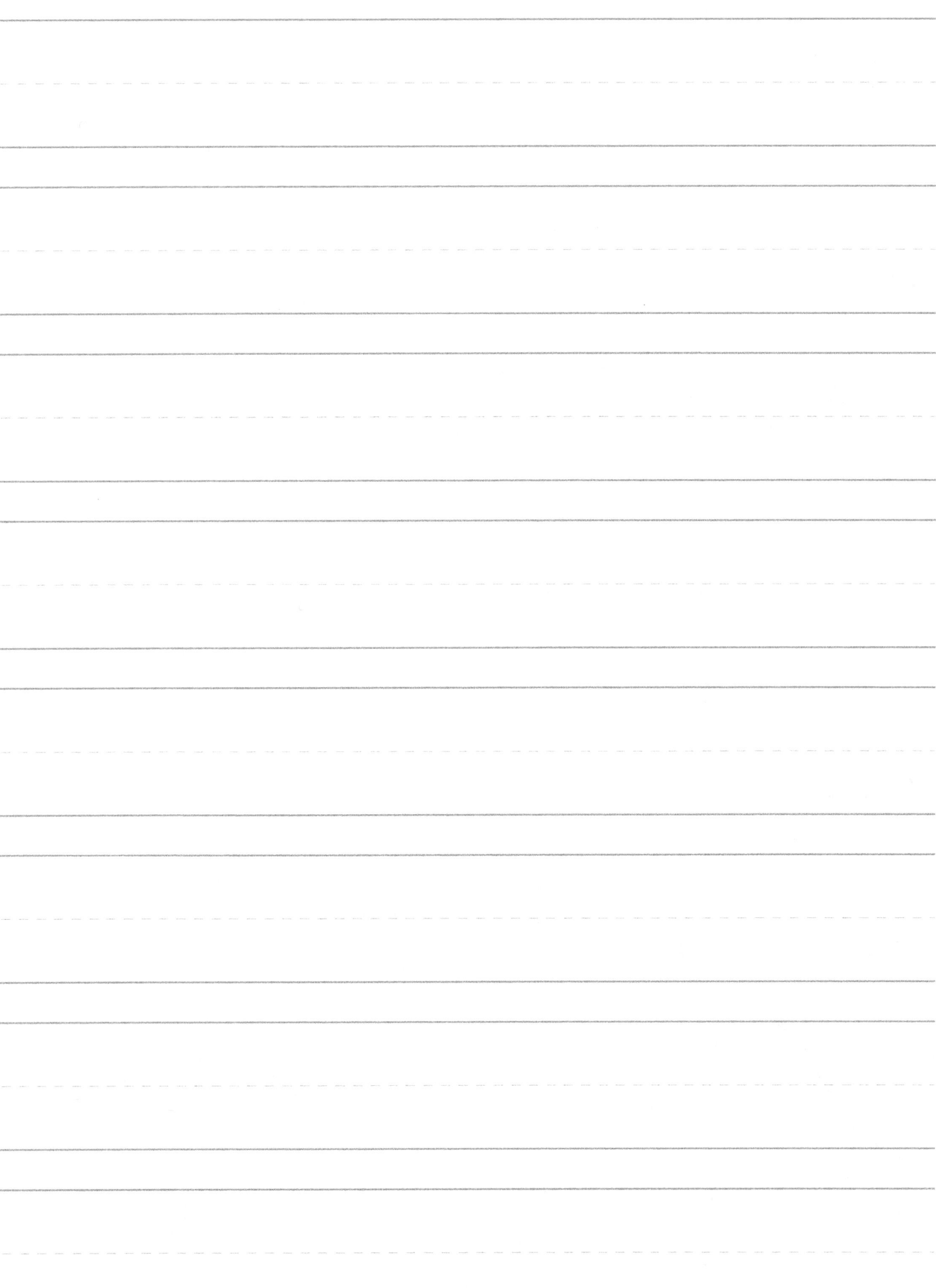

I i
J j
K k
L l

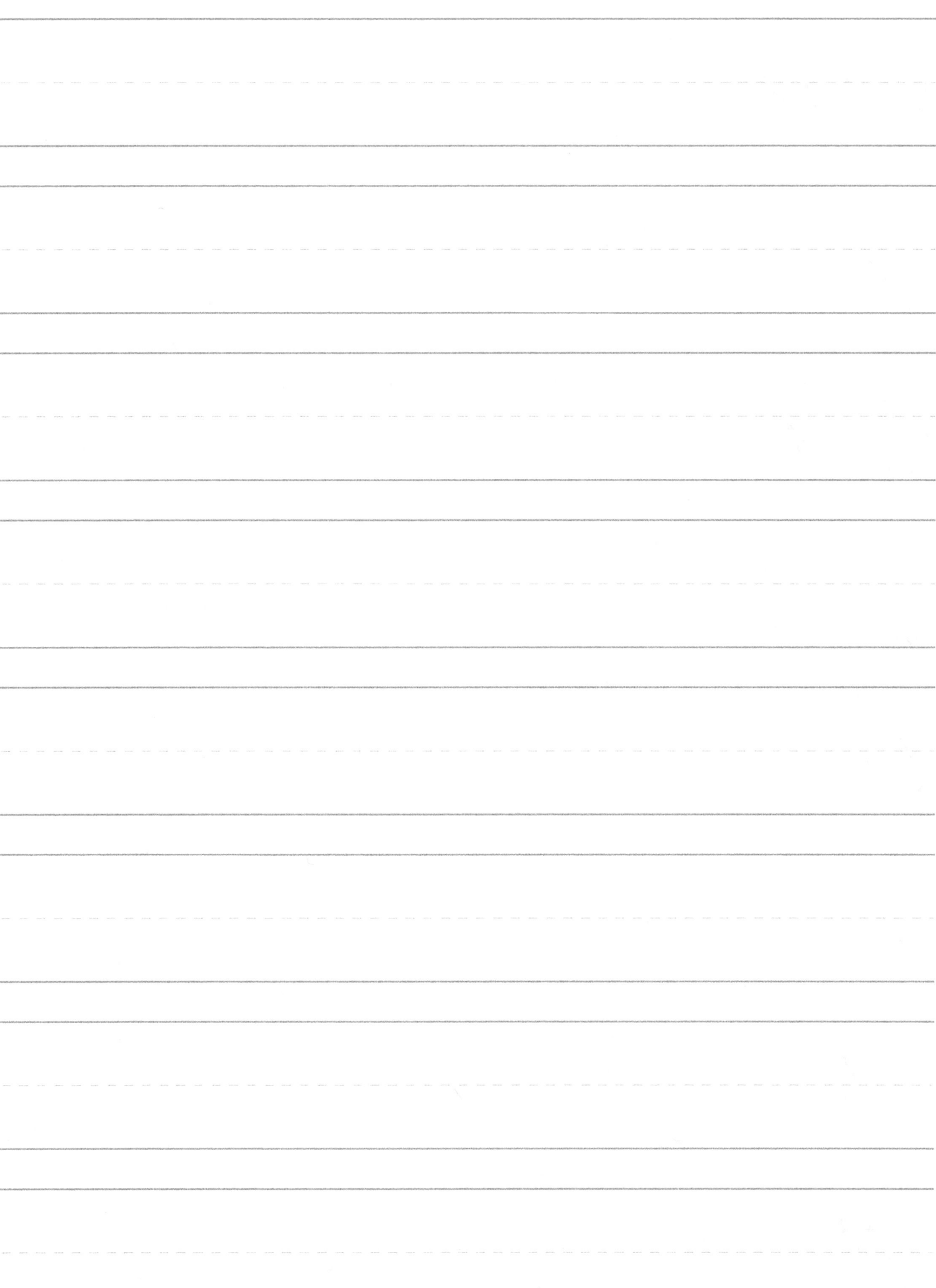

M

m

N

n

O

o

P

p

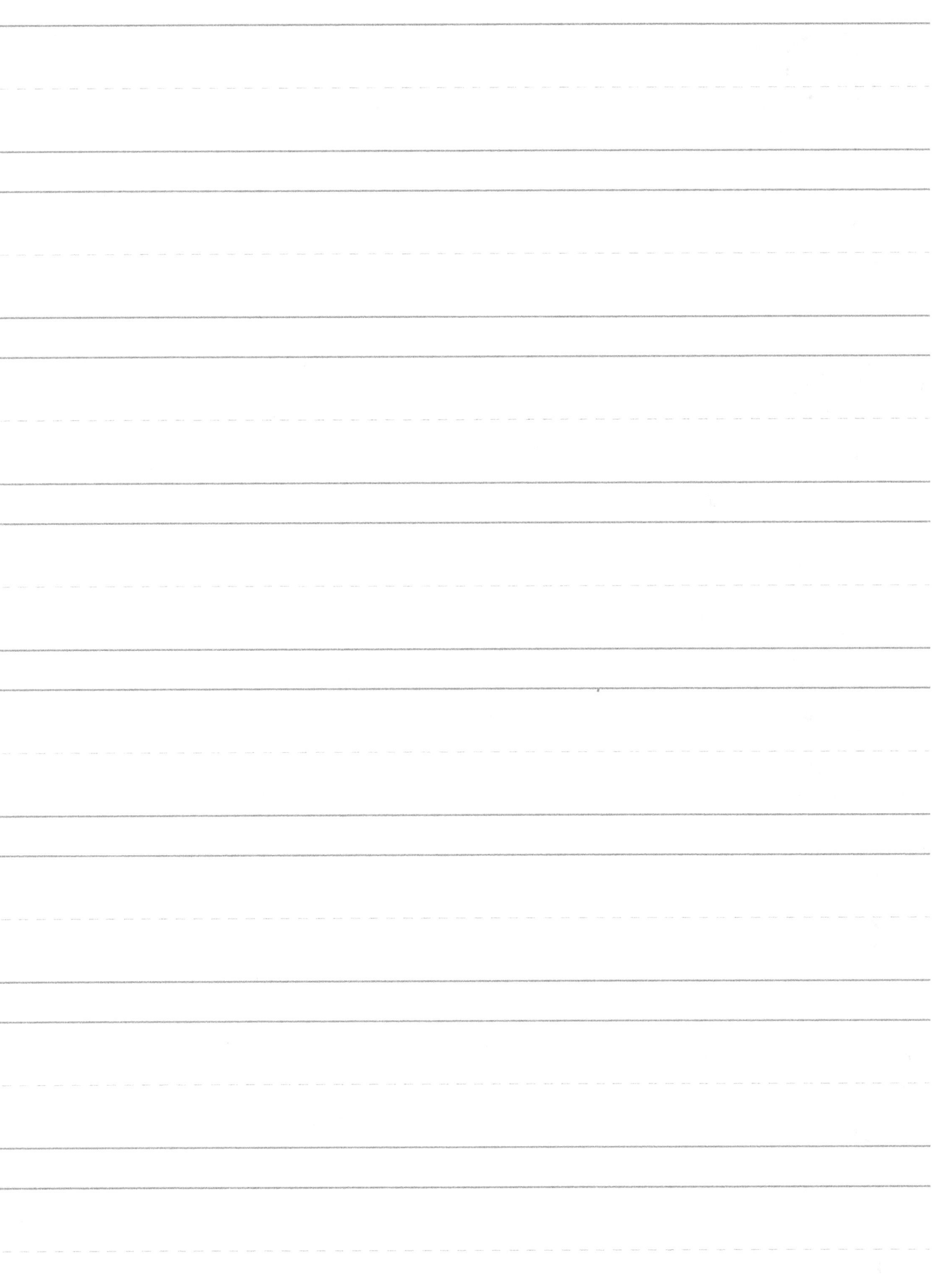

Q

q

R

r

S

s

T

t

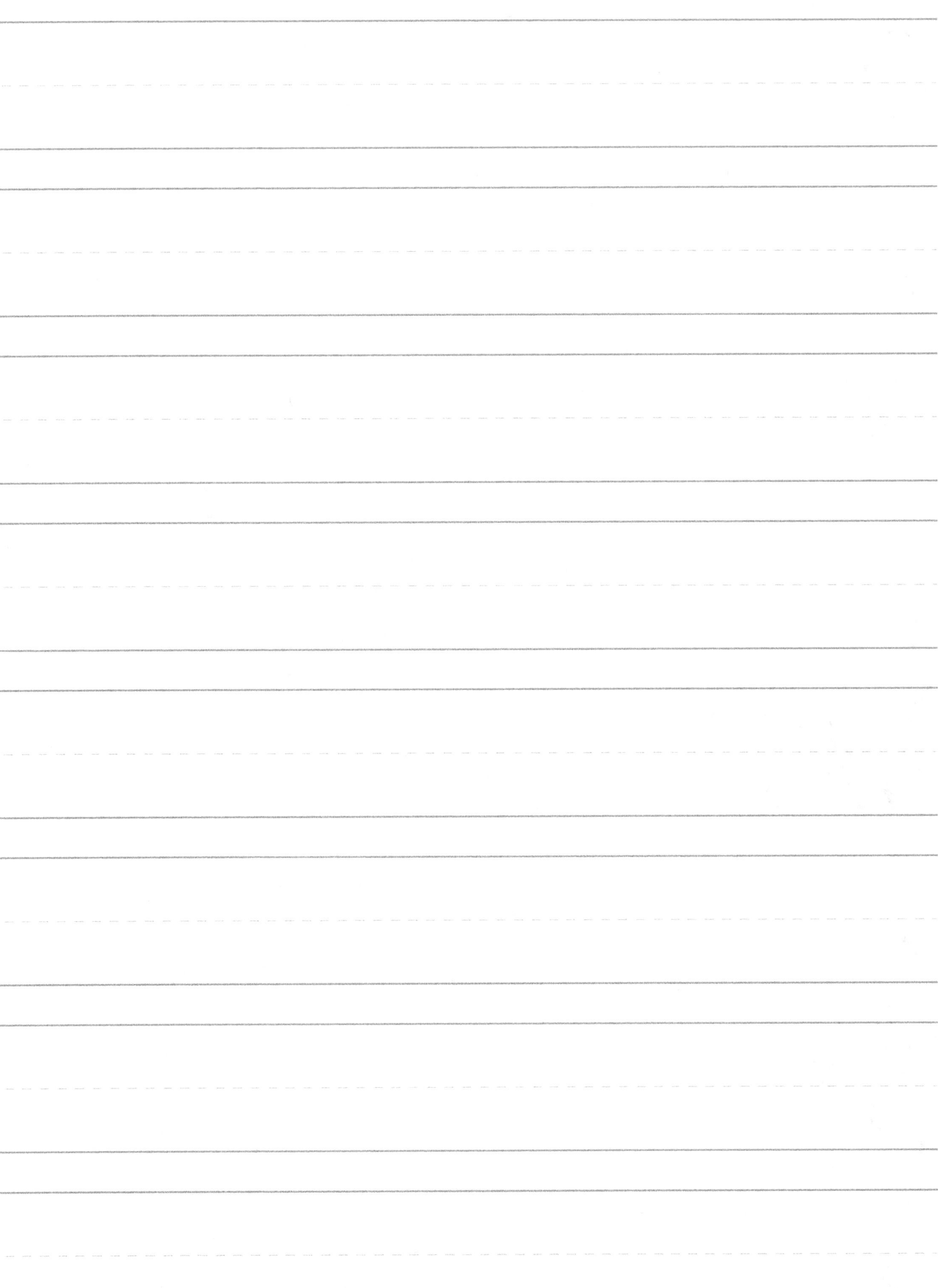

U

u

V

v

W

w

X

x

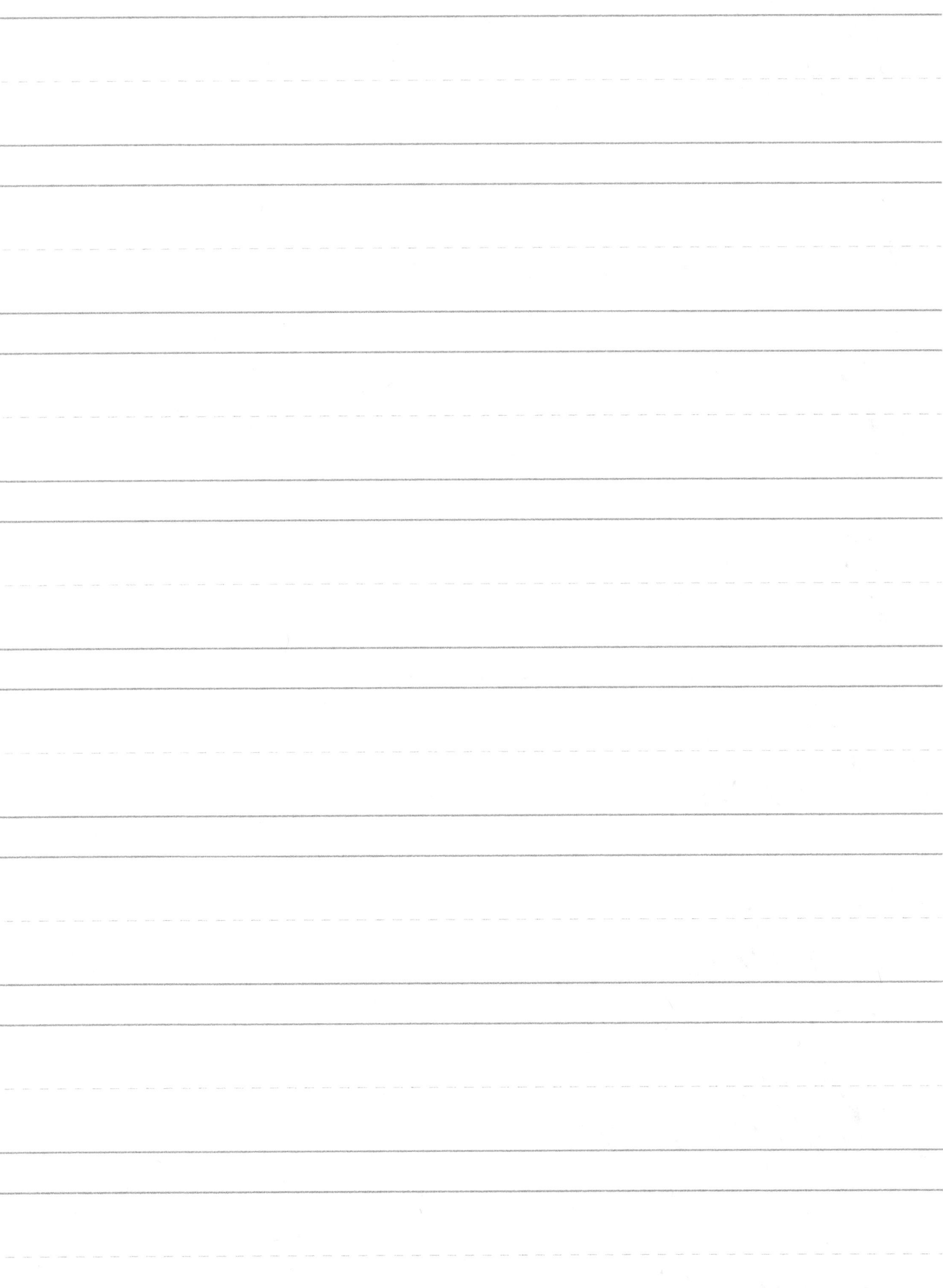

Y

y

Z

z

Practice

Written

Lettering

Success

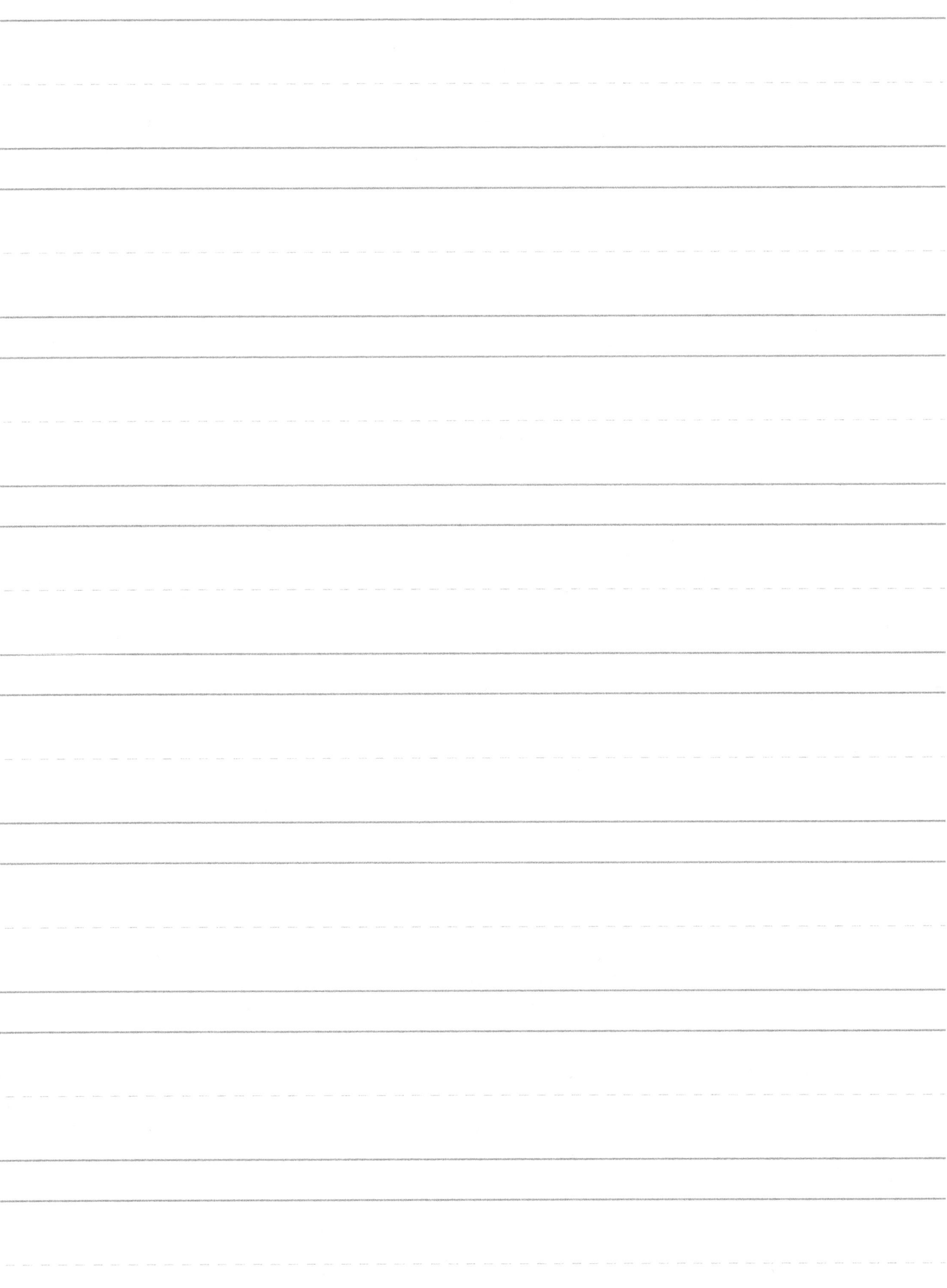

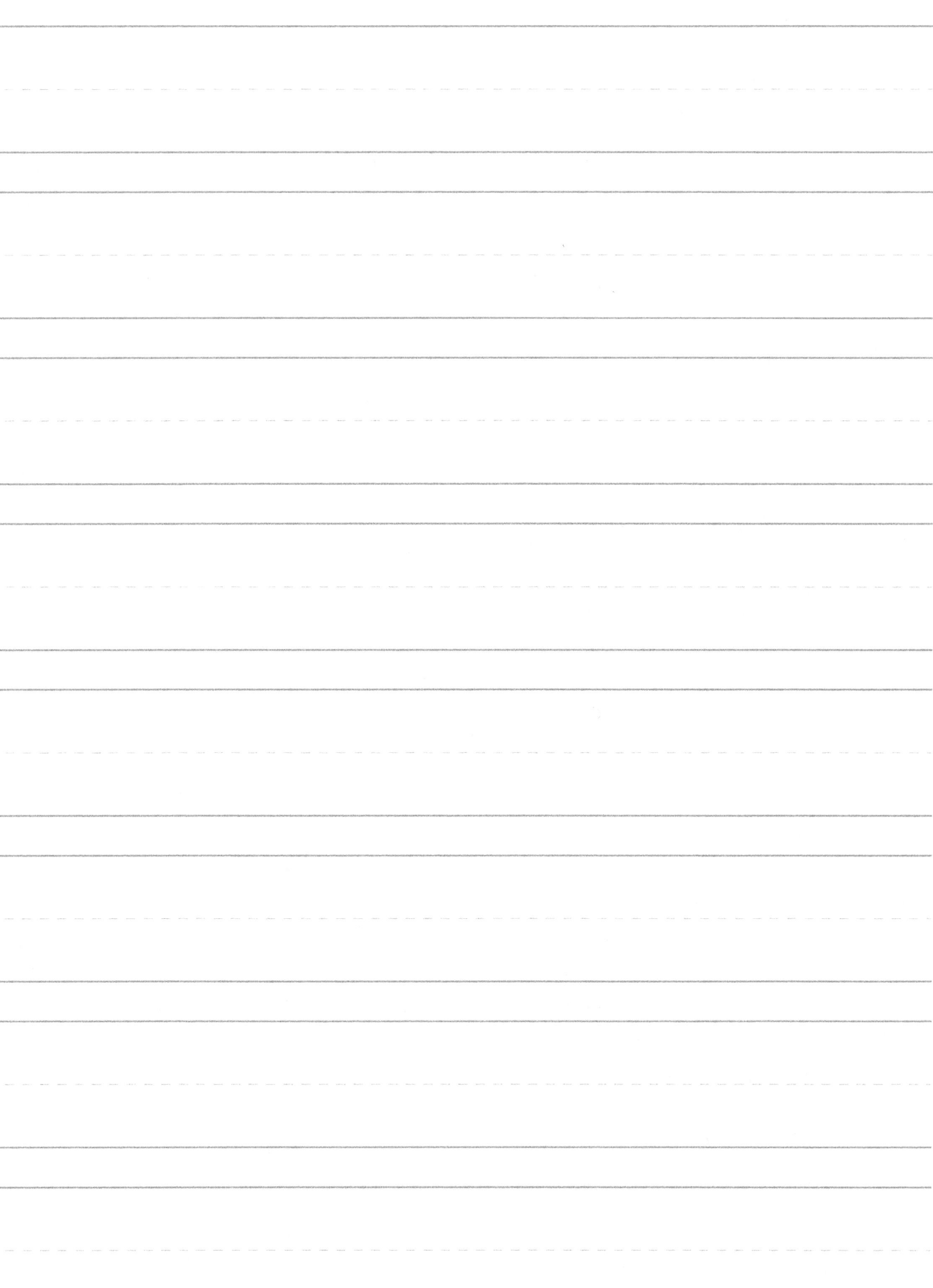

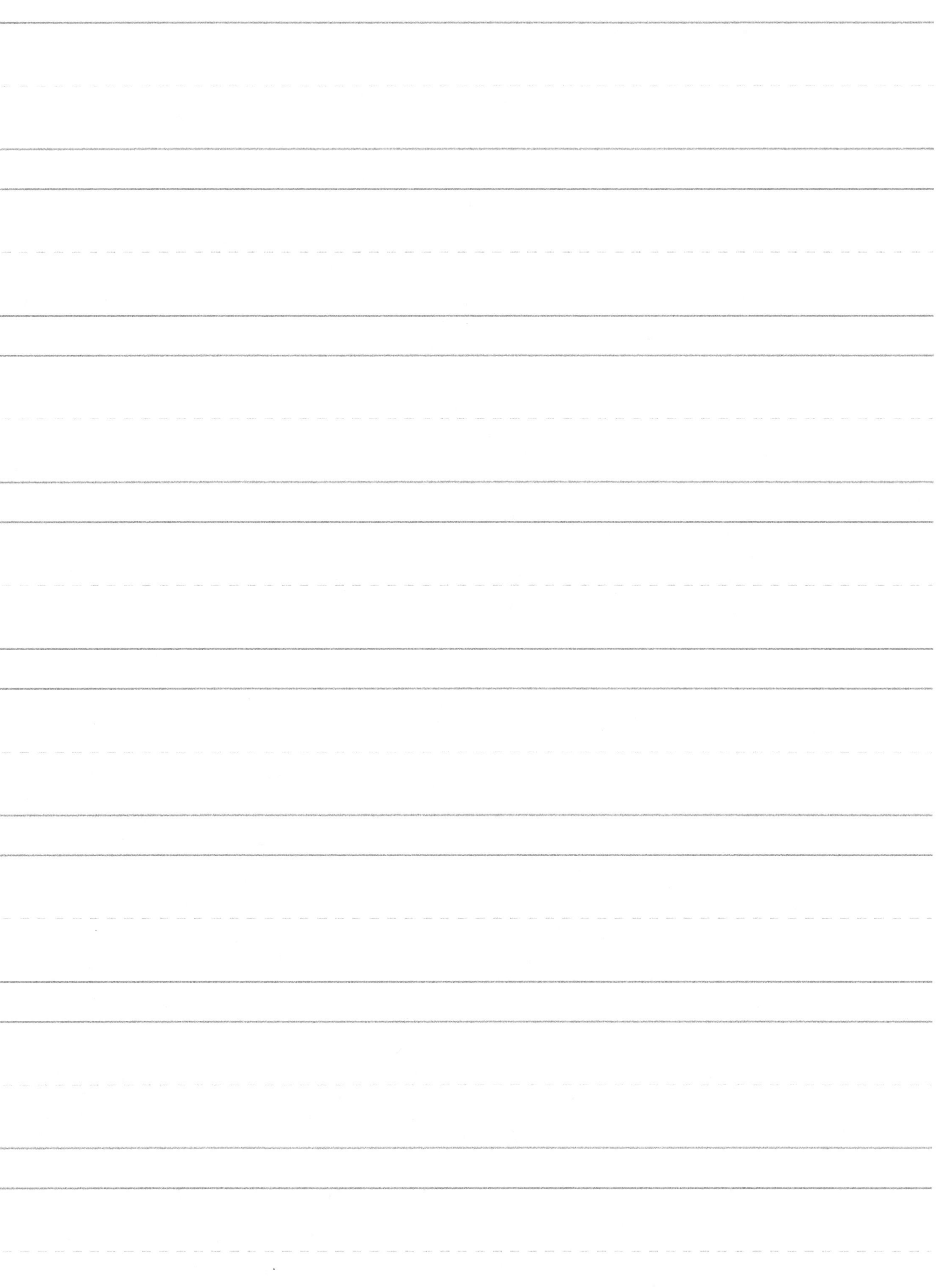

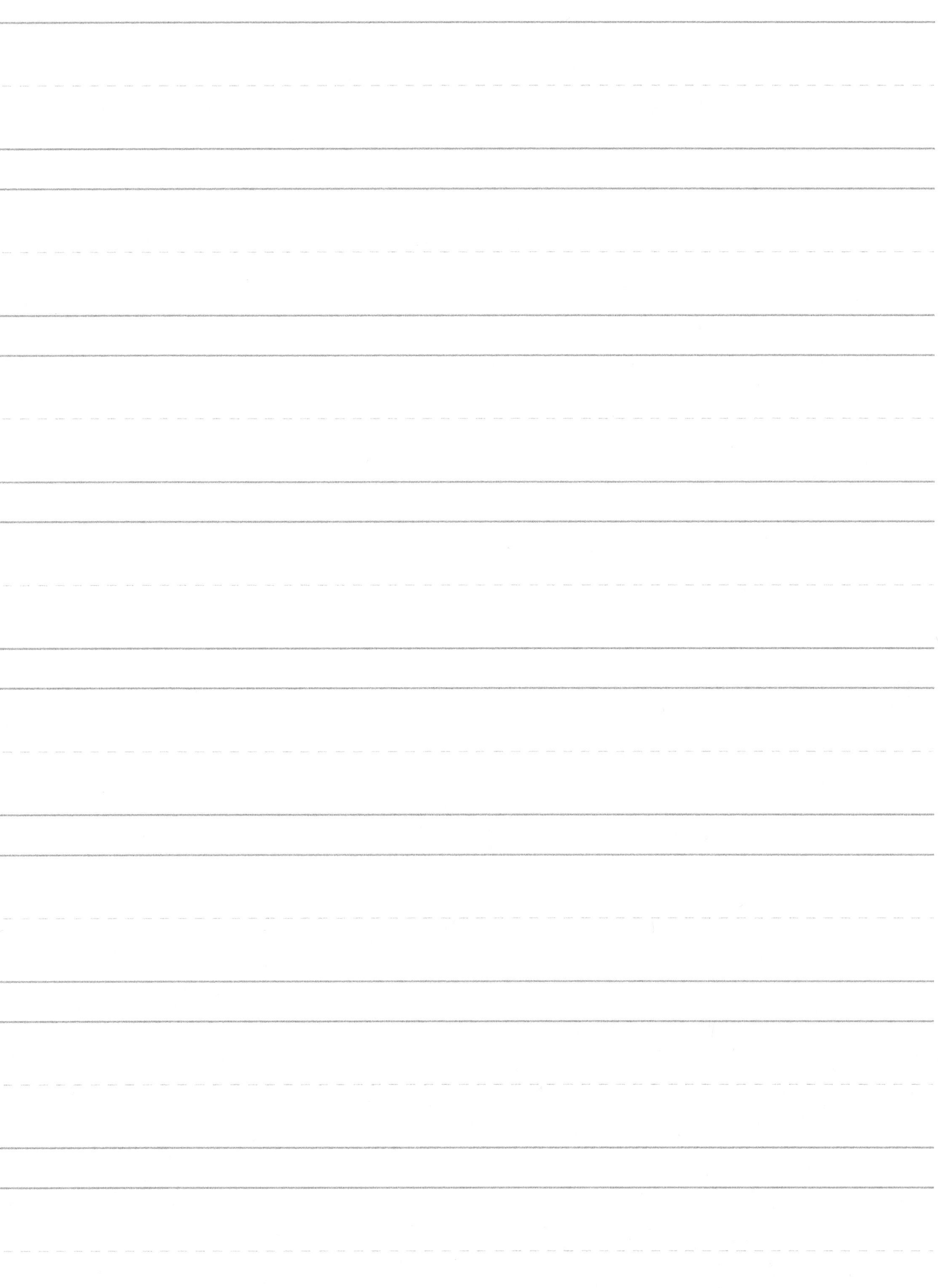

Section 3: Graph Grid Form

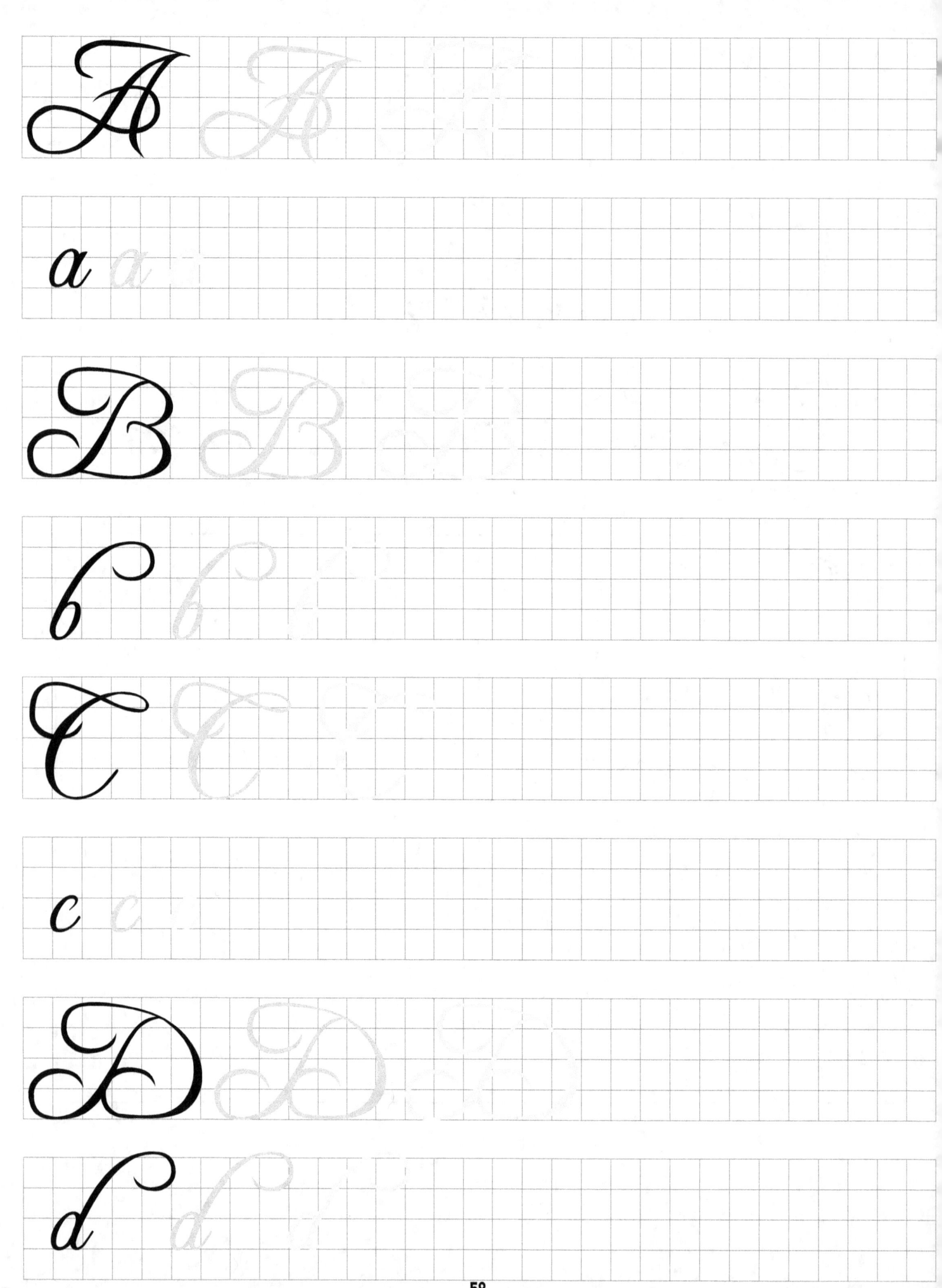

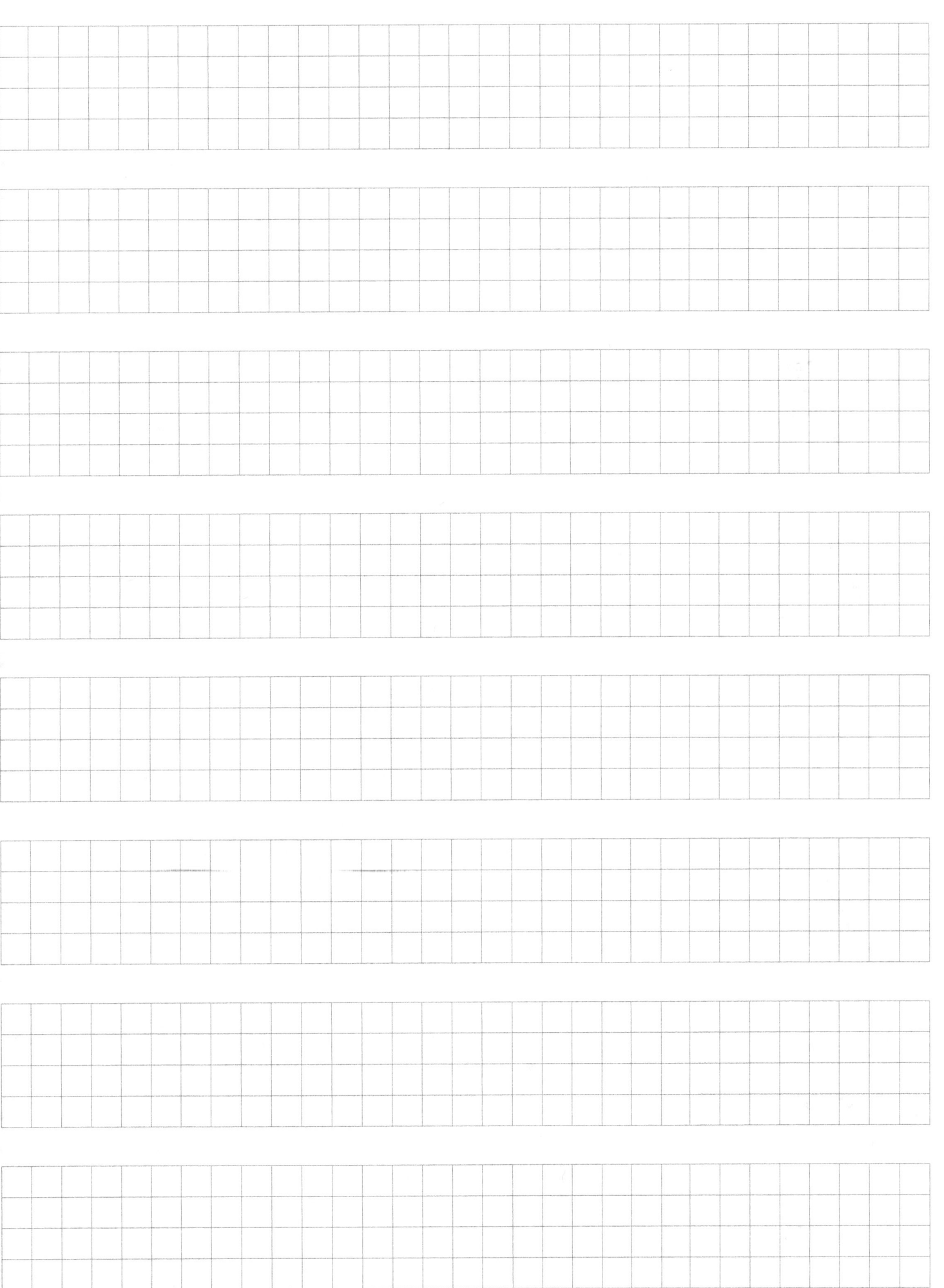

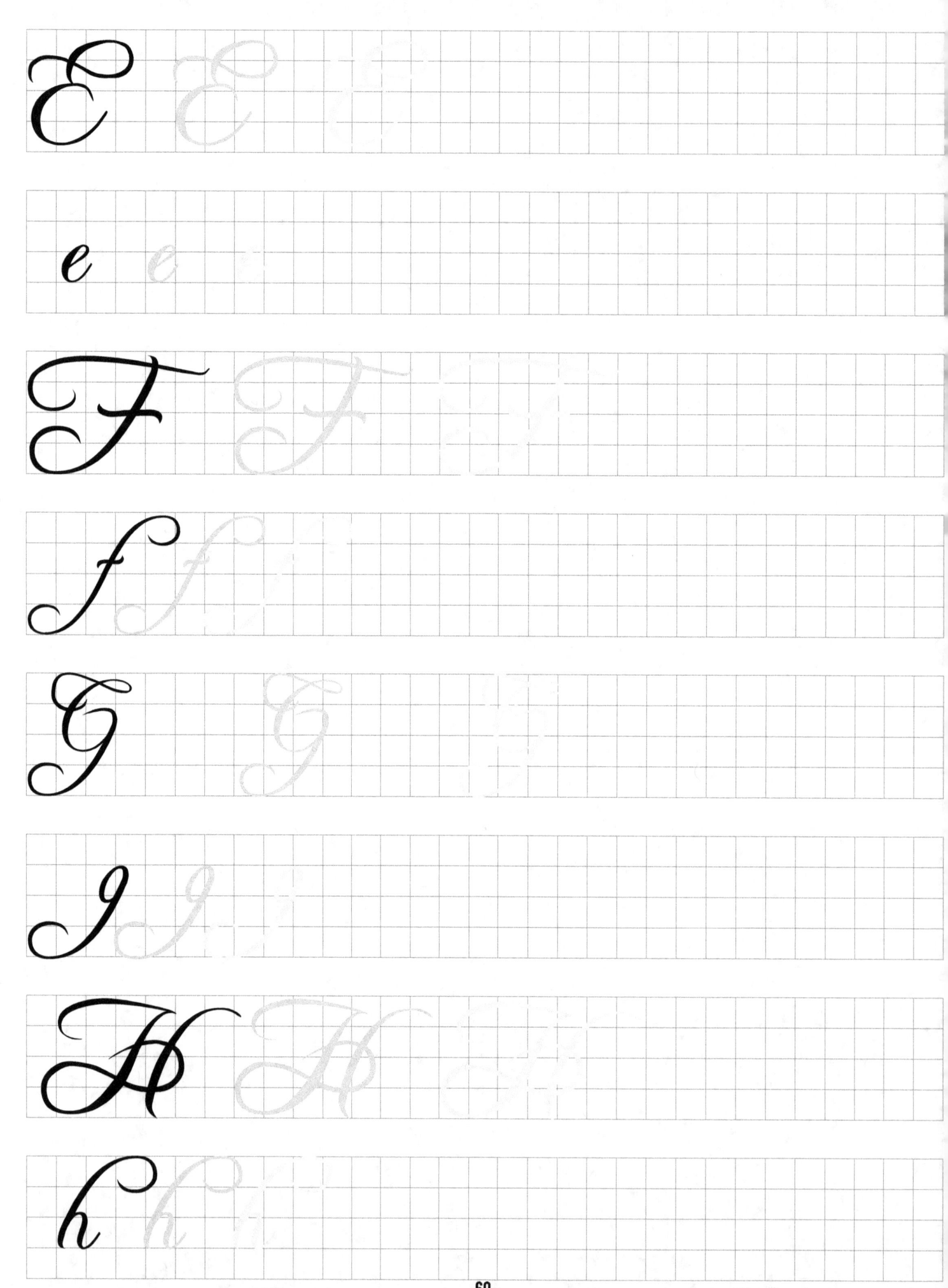

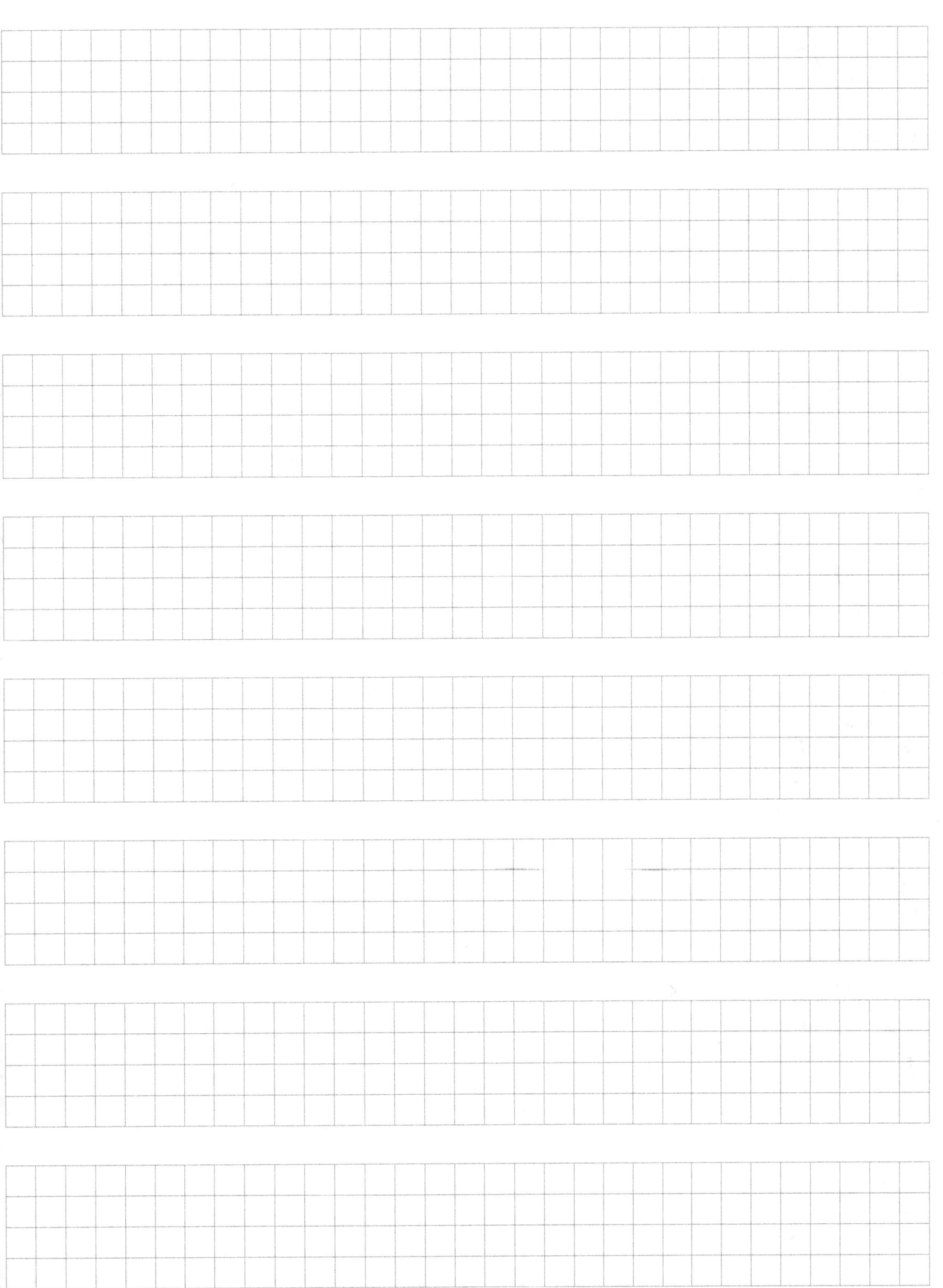

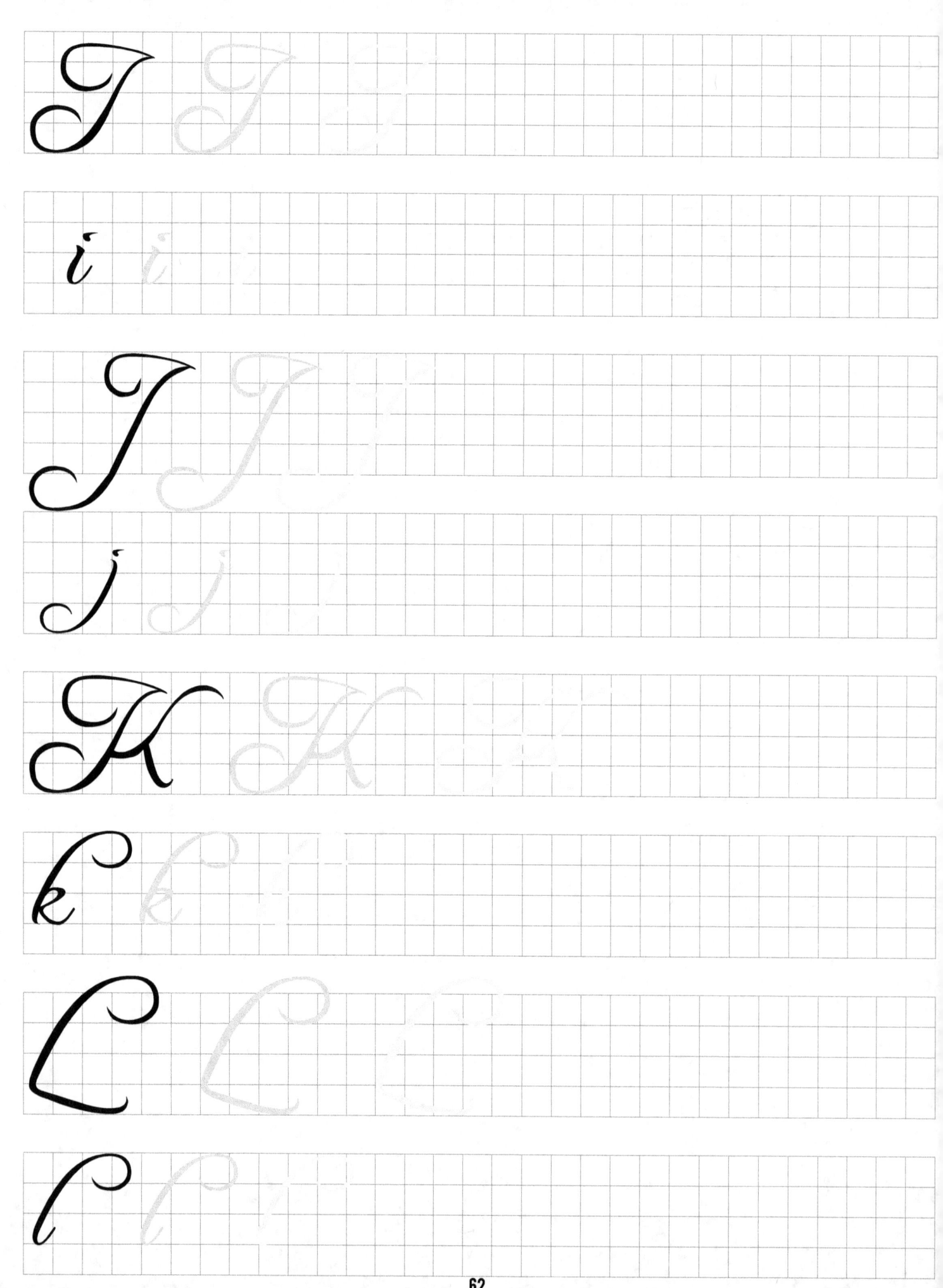

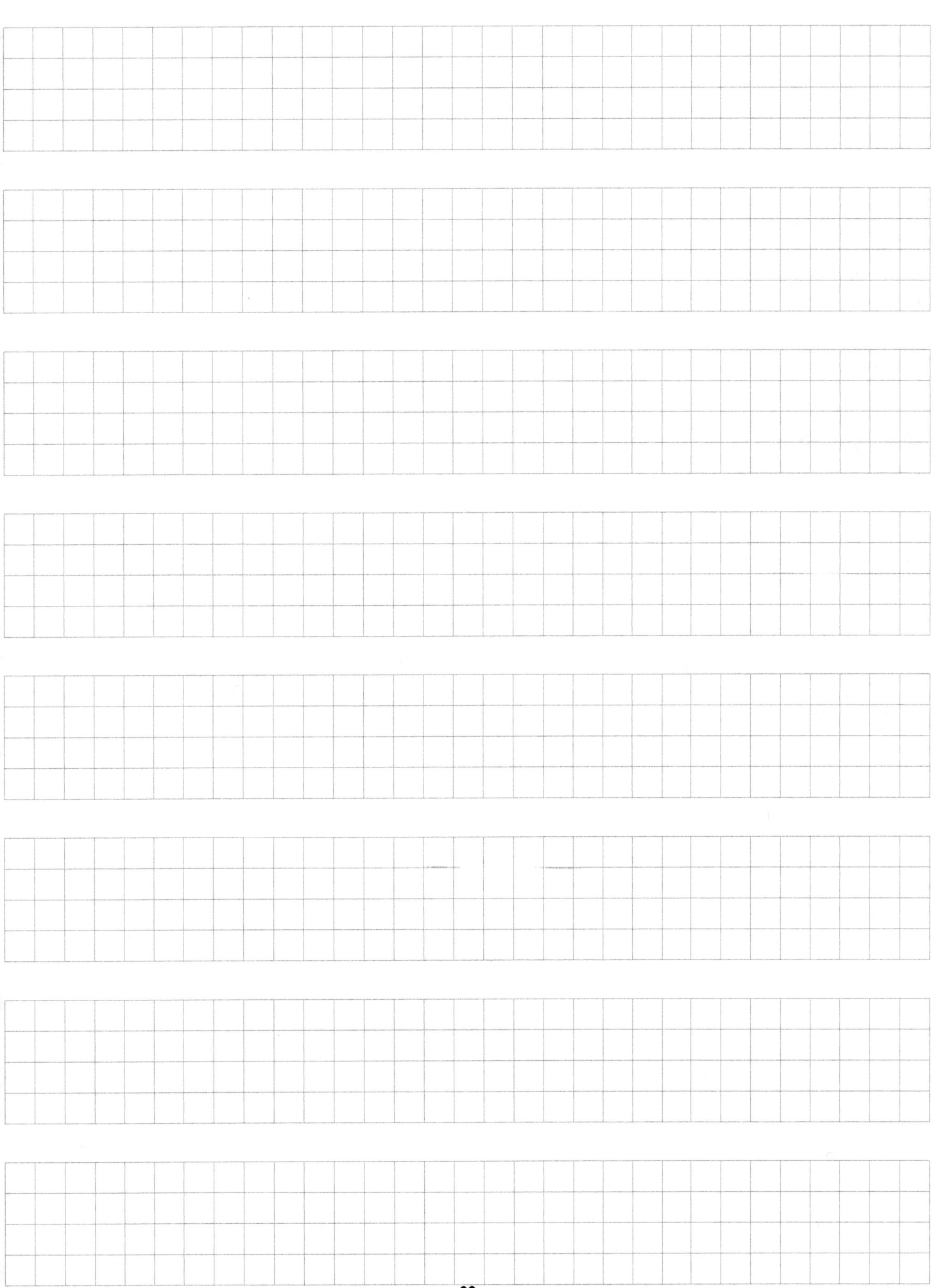

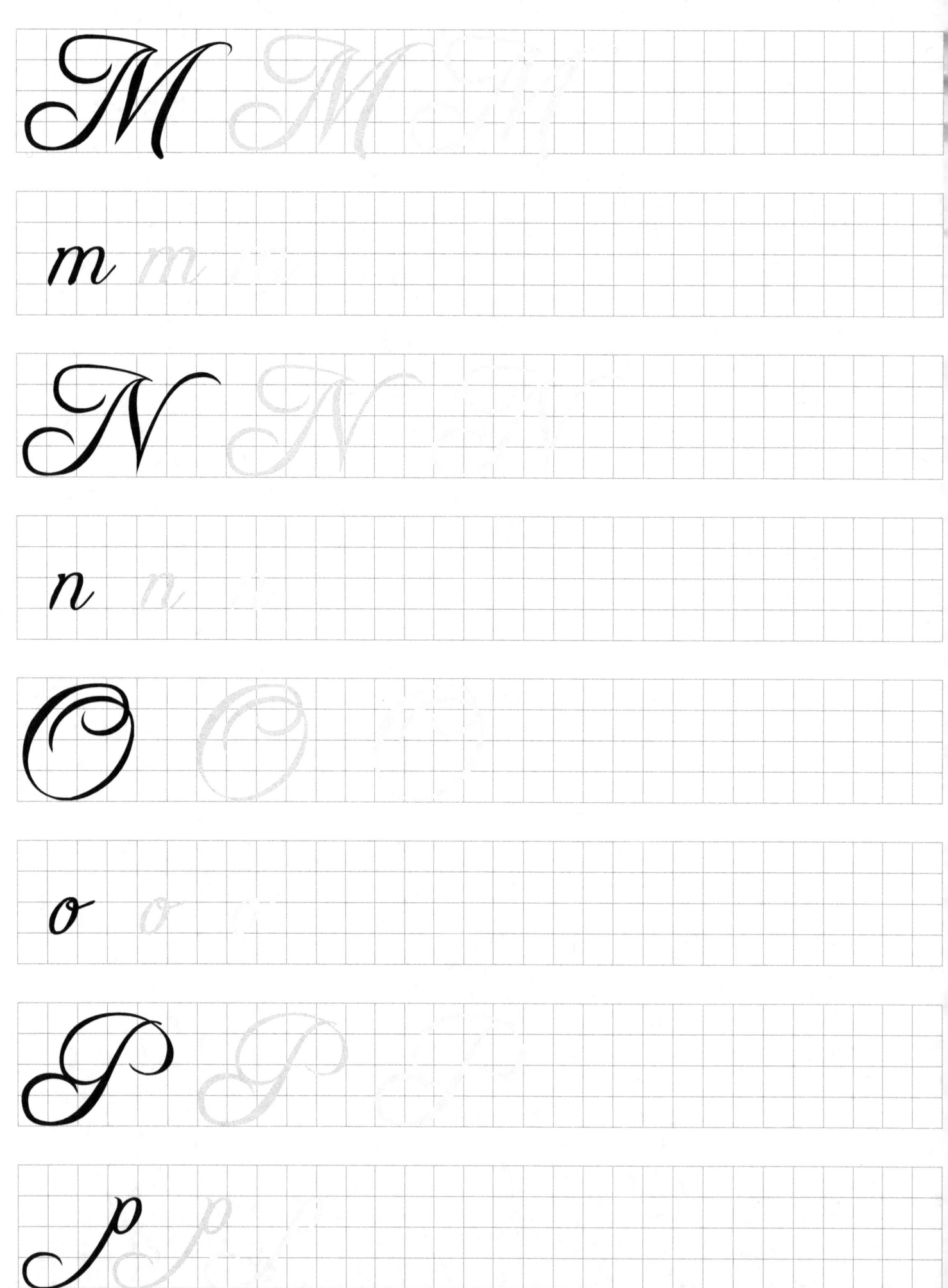

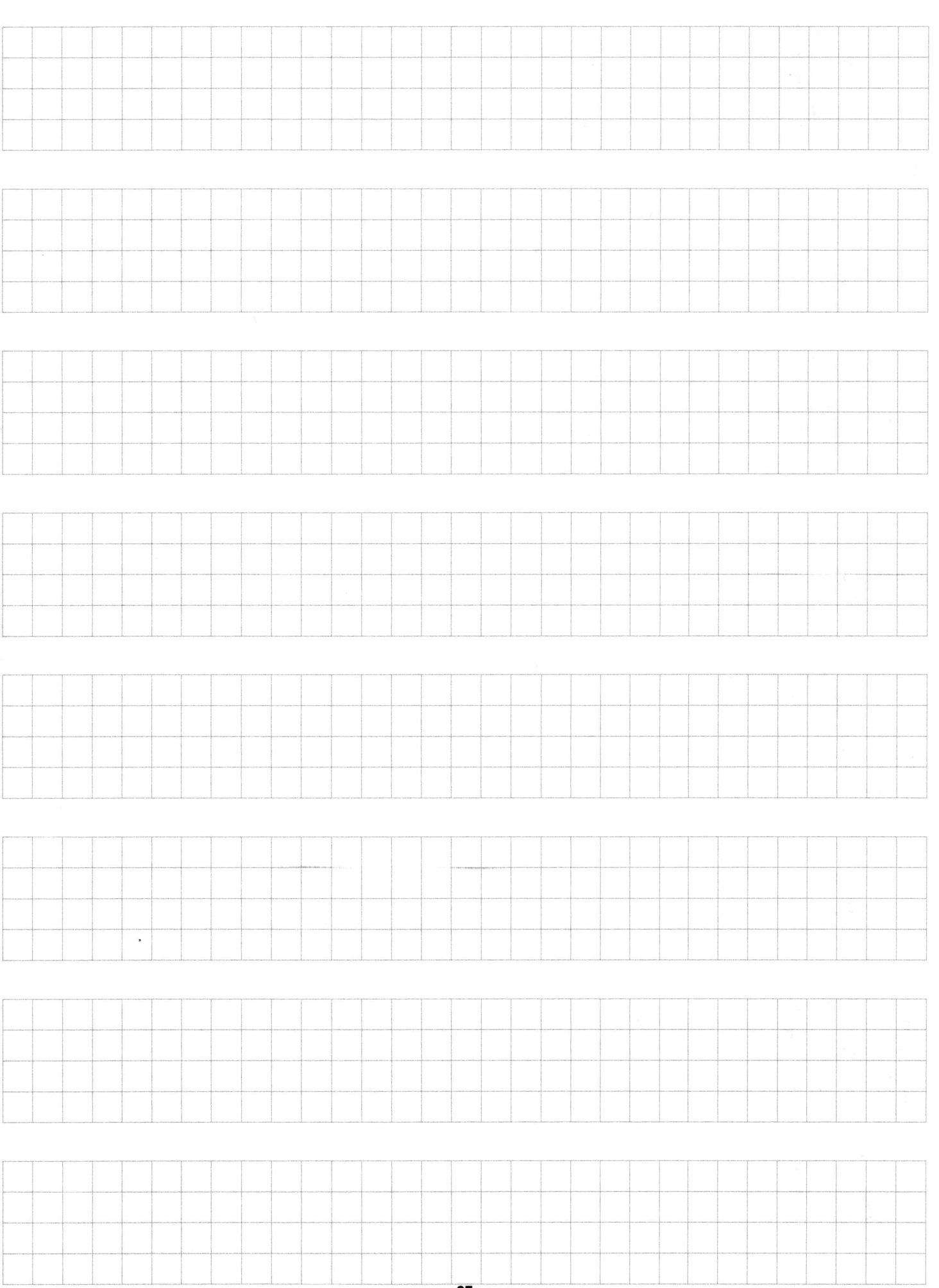

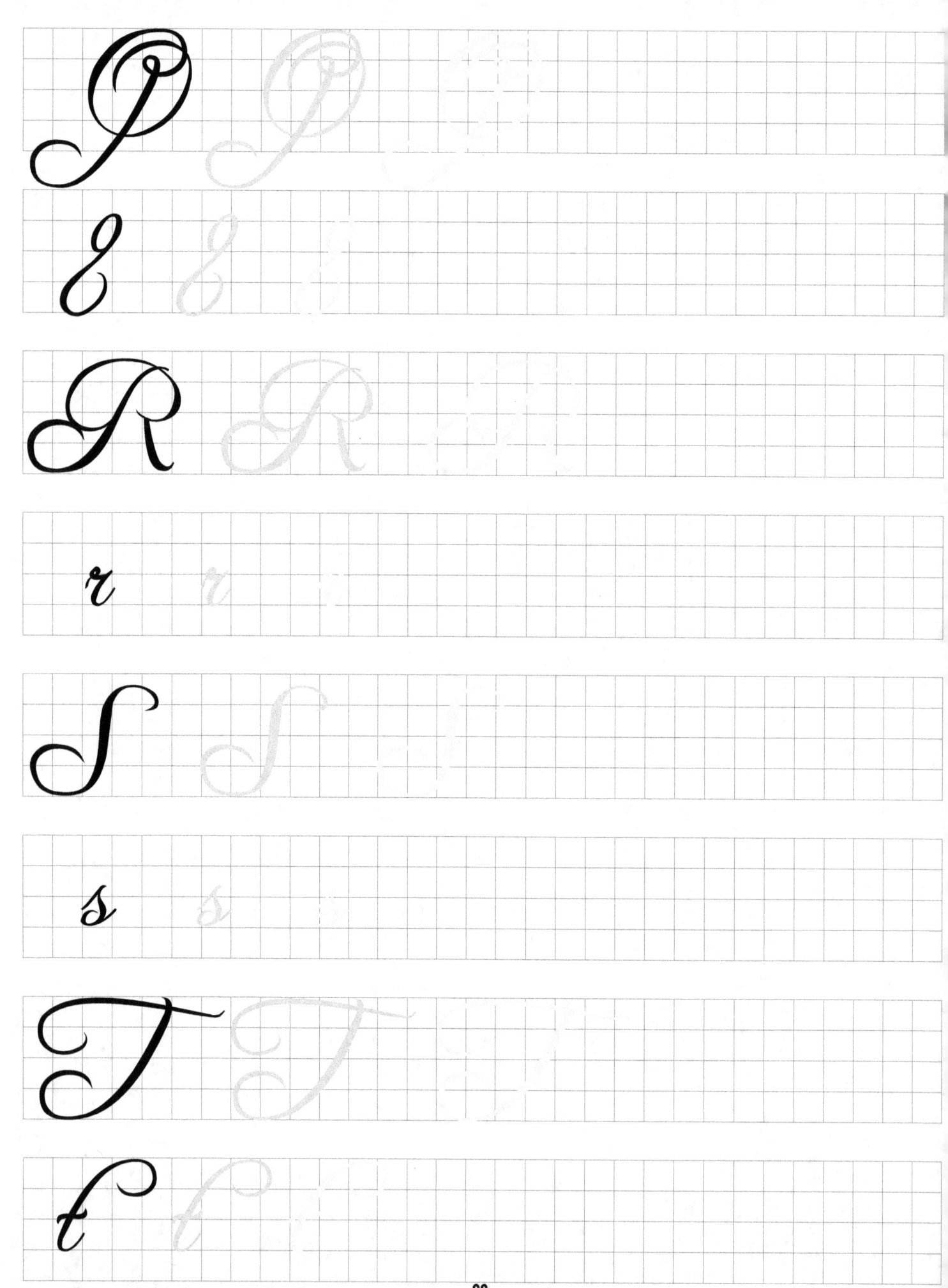

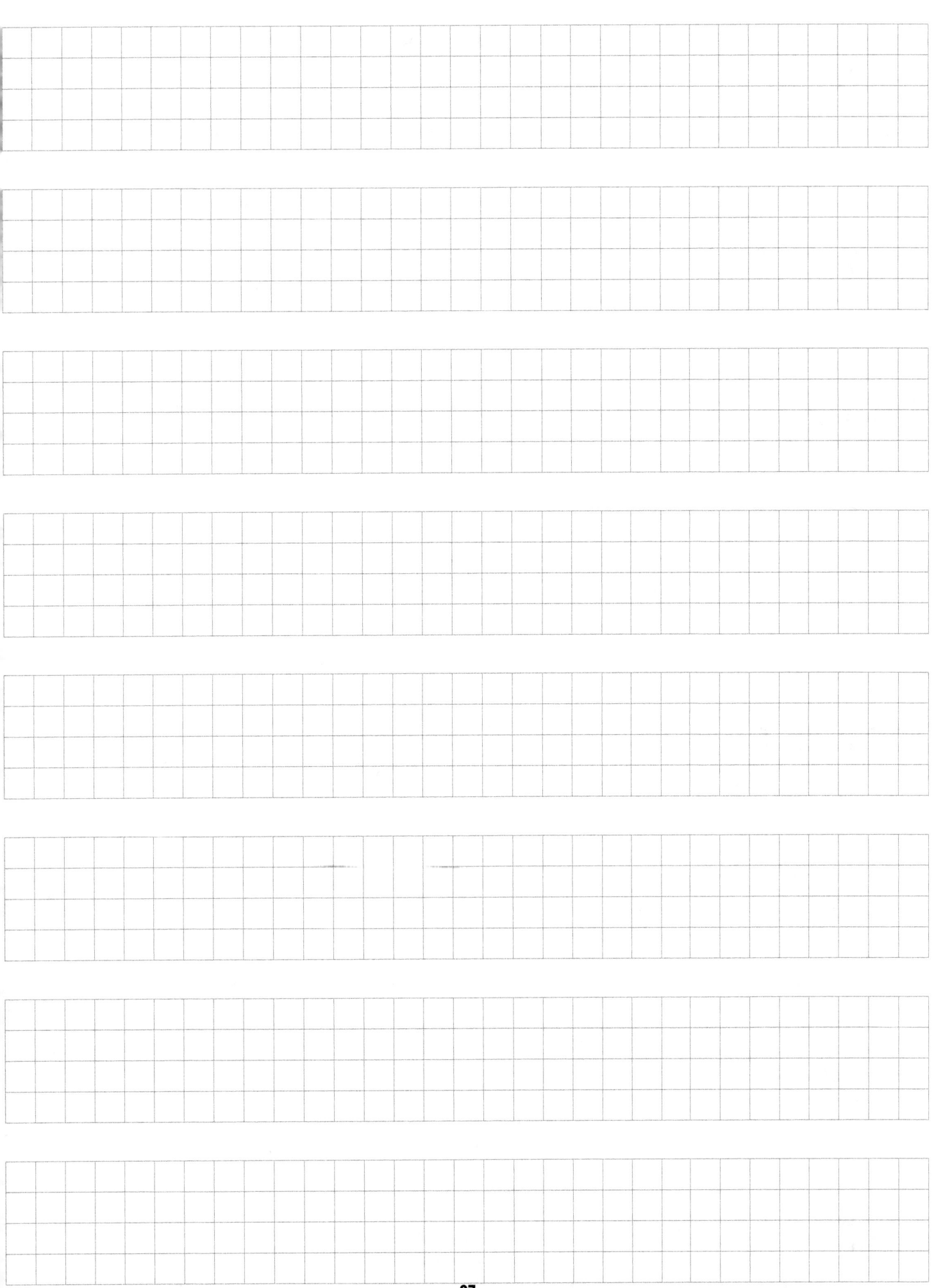

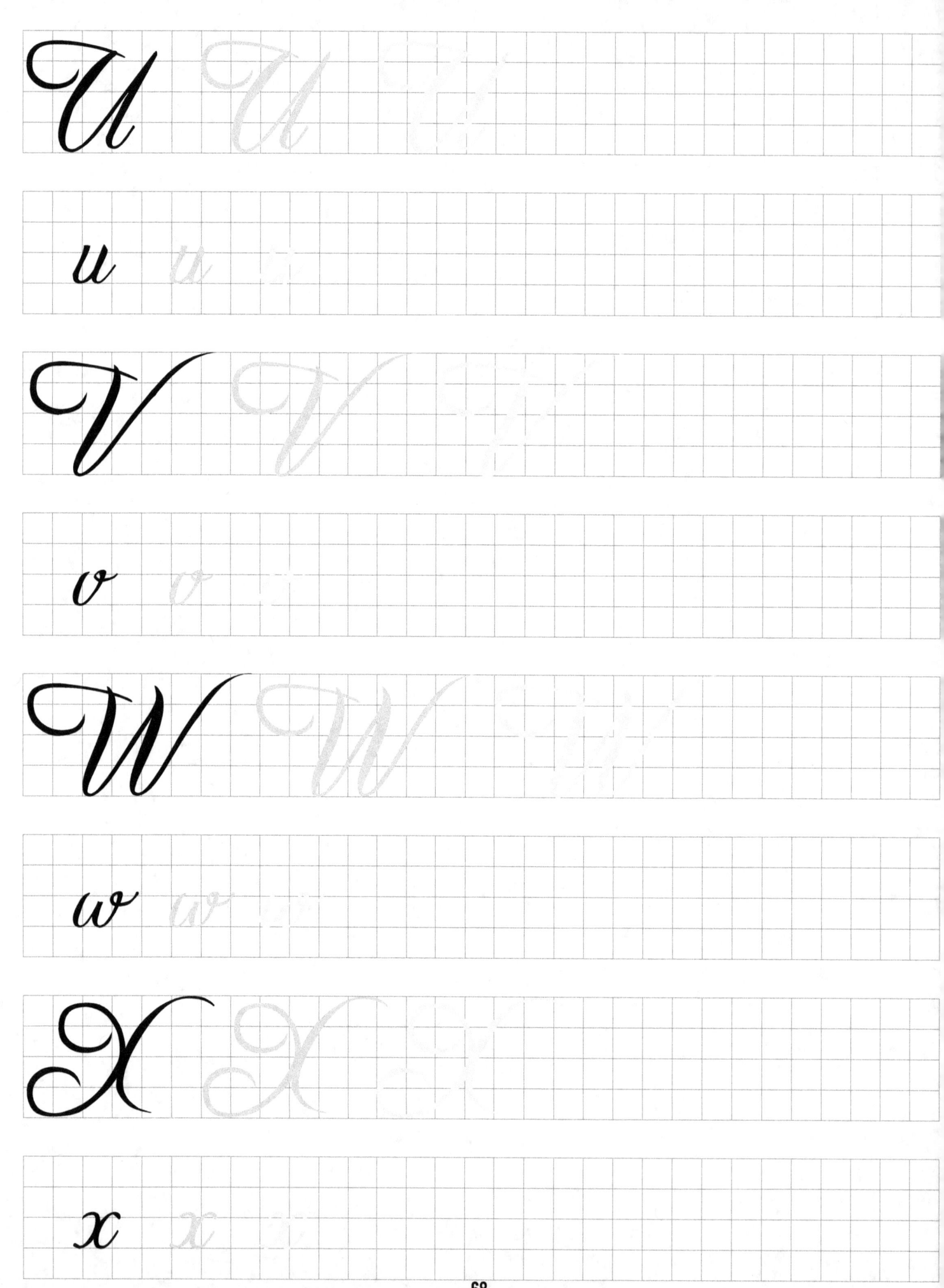

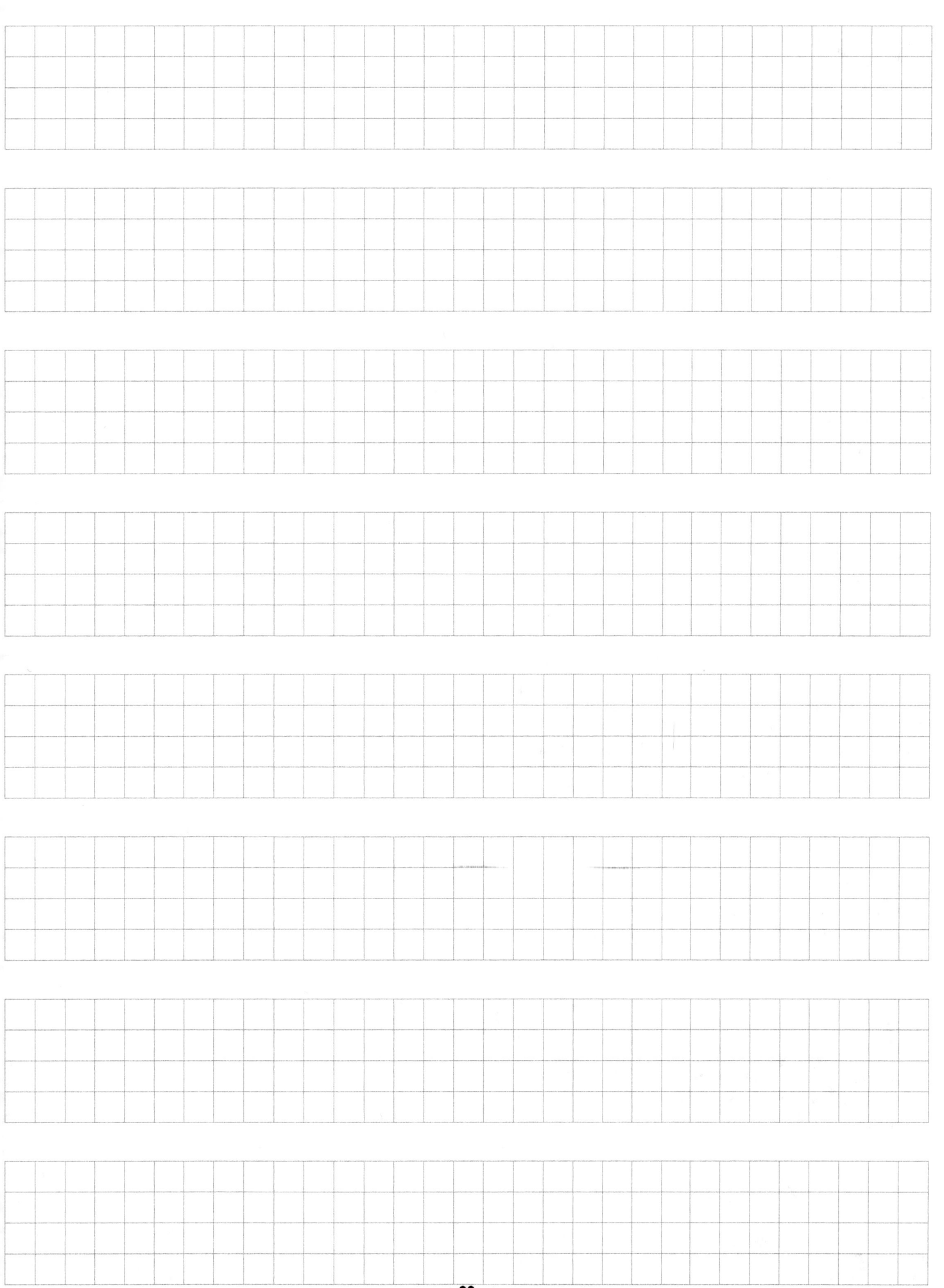

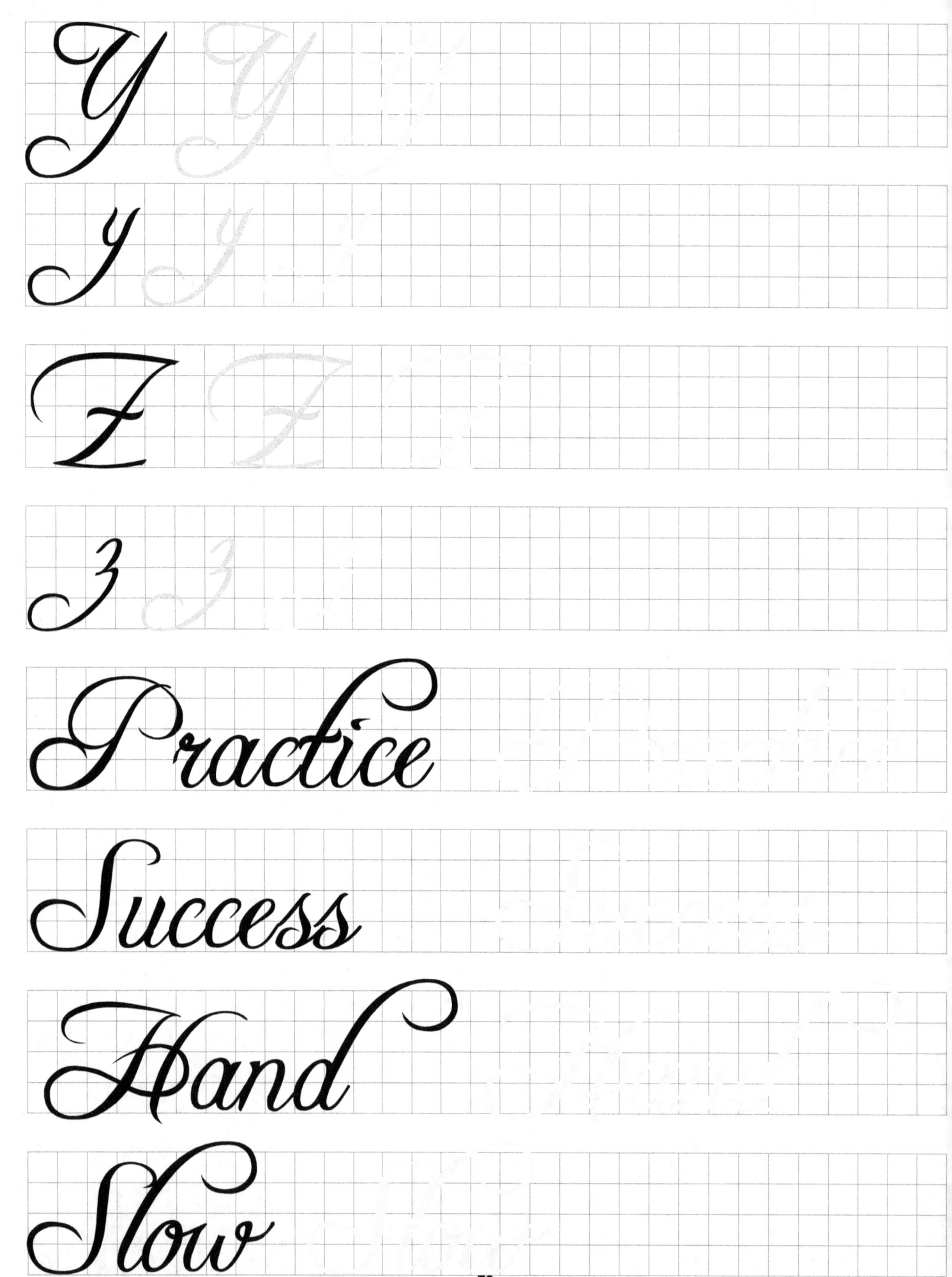

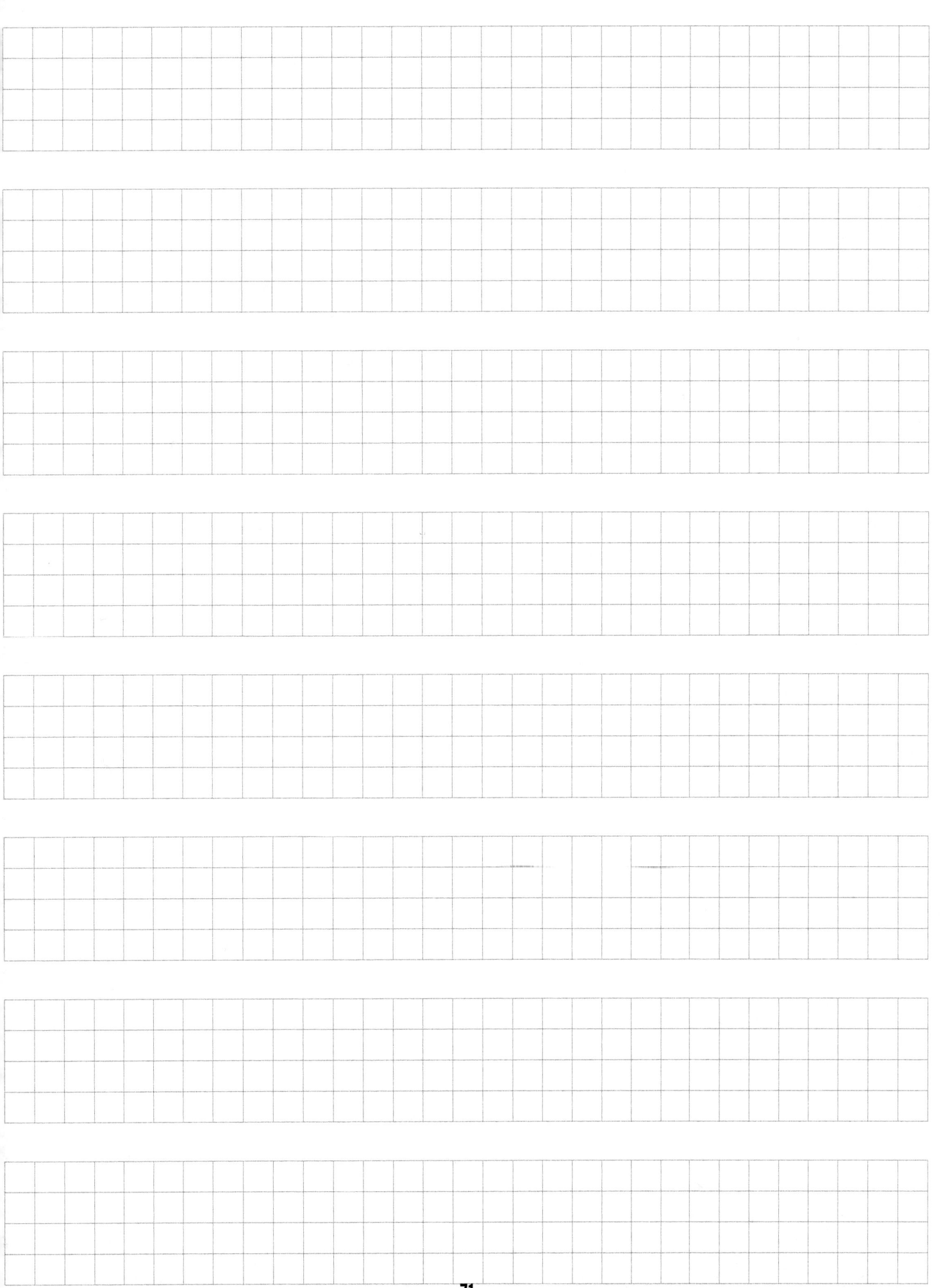

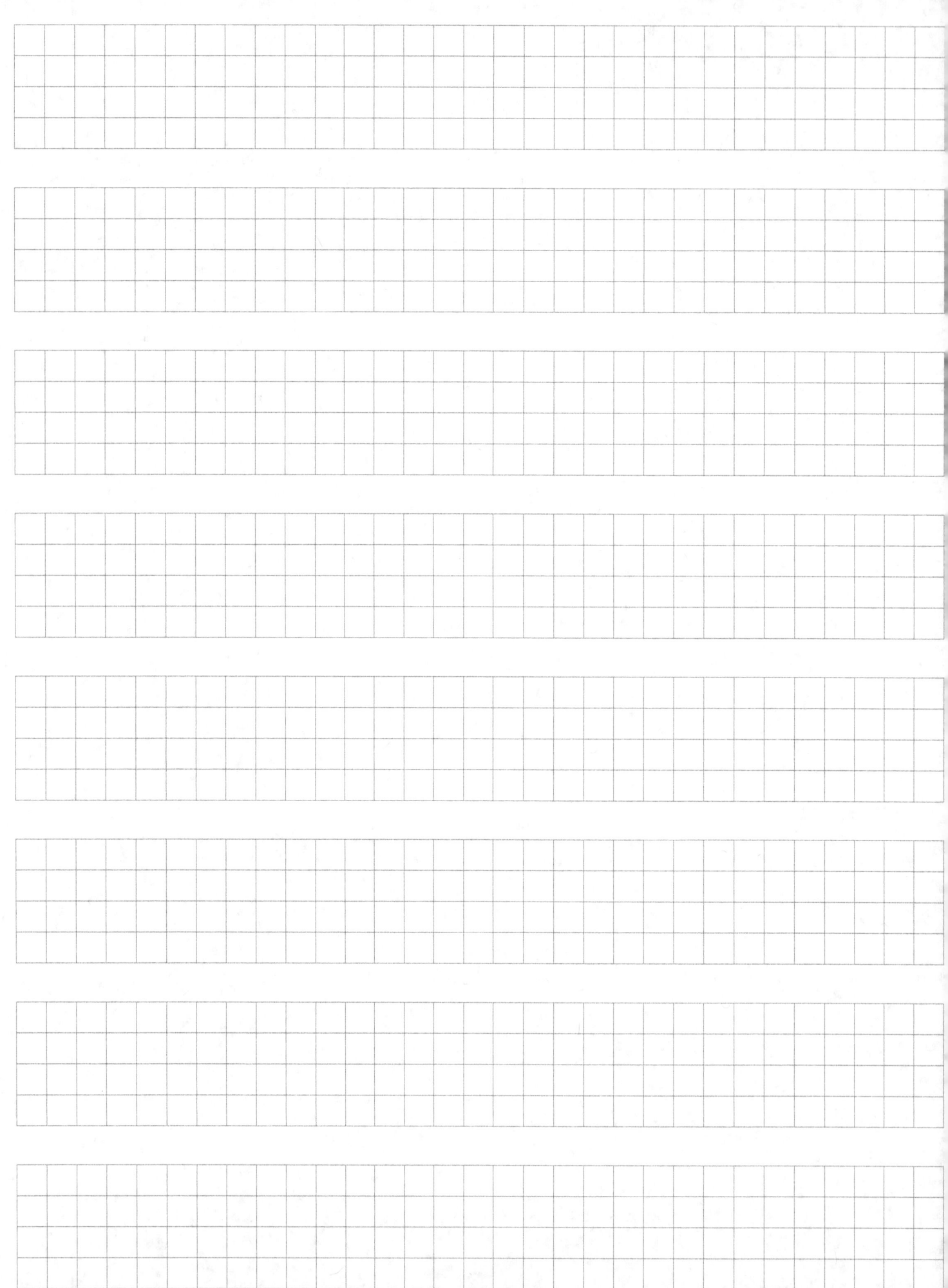

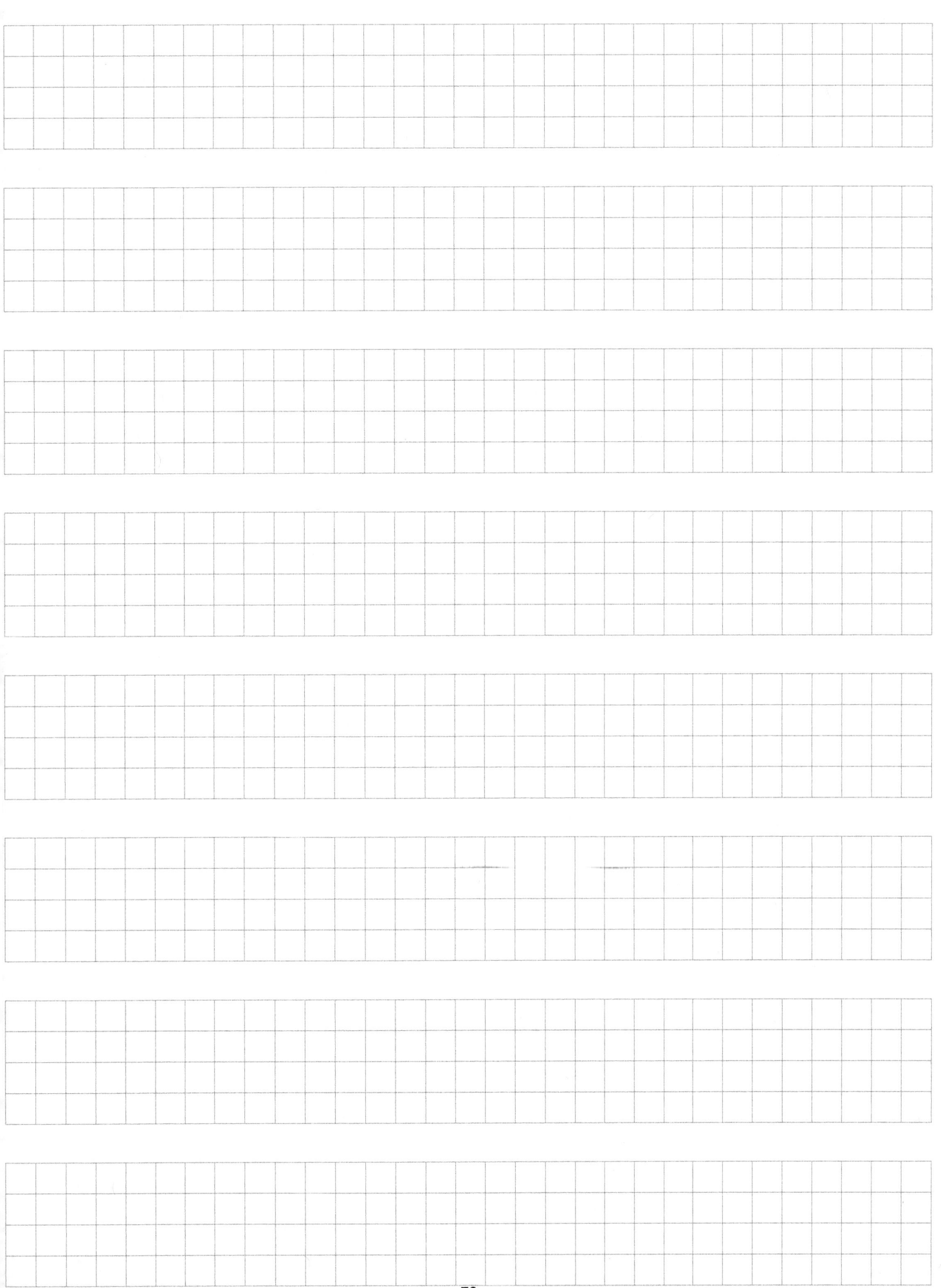

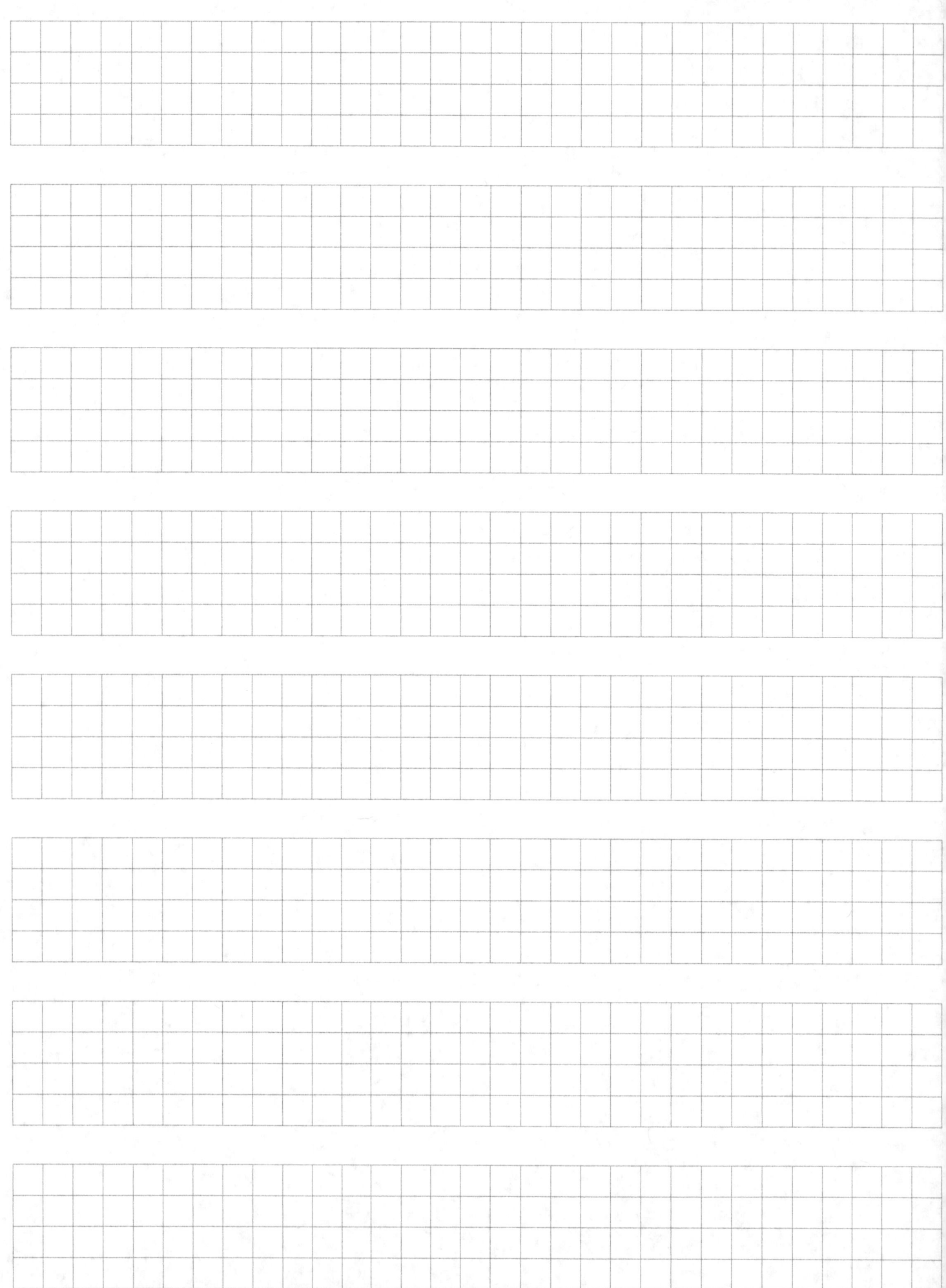

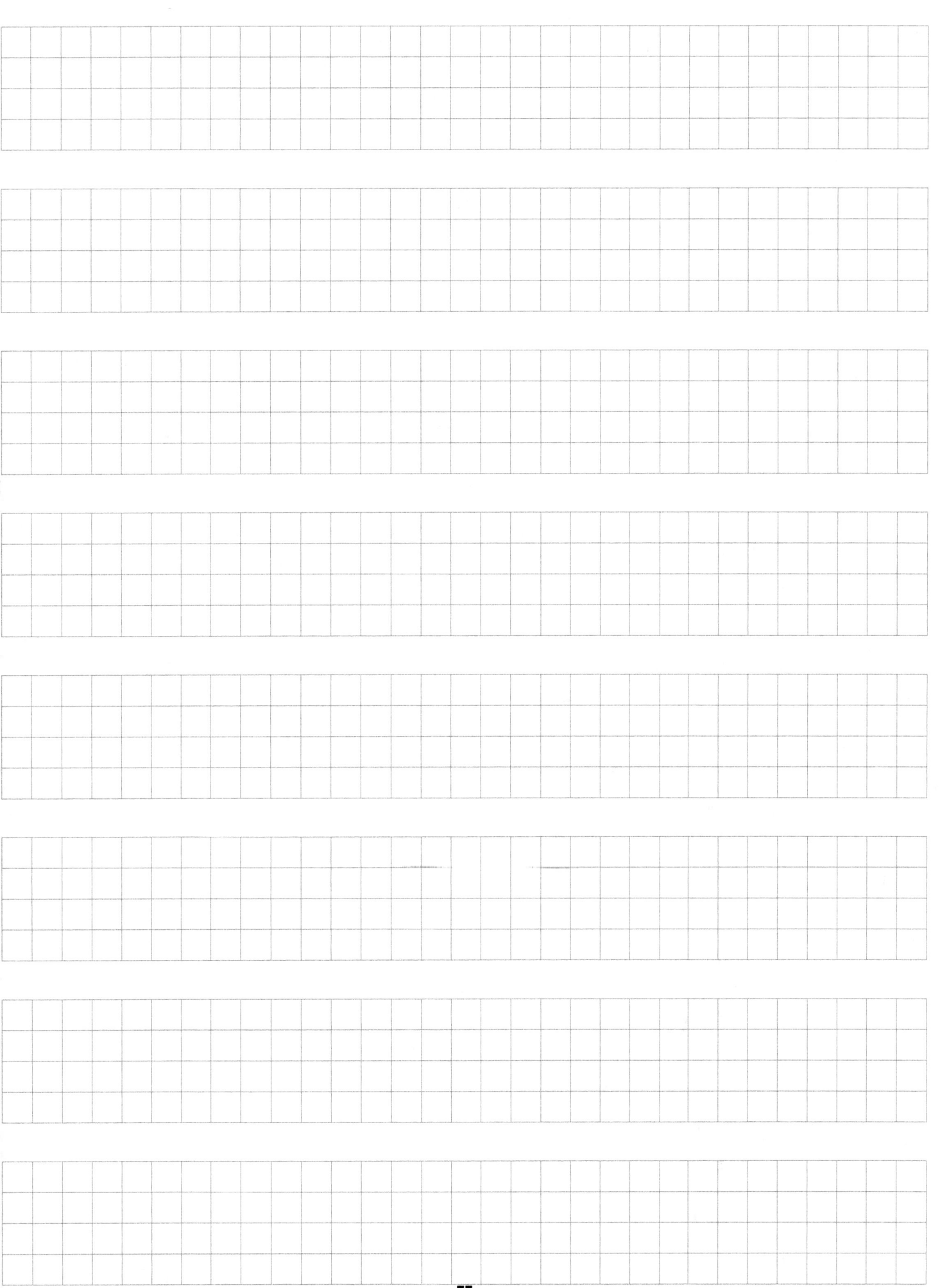

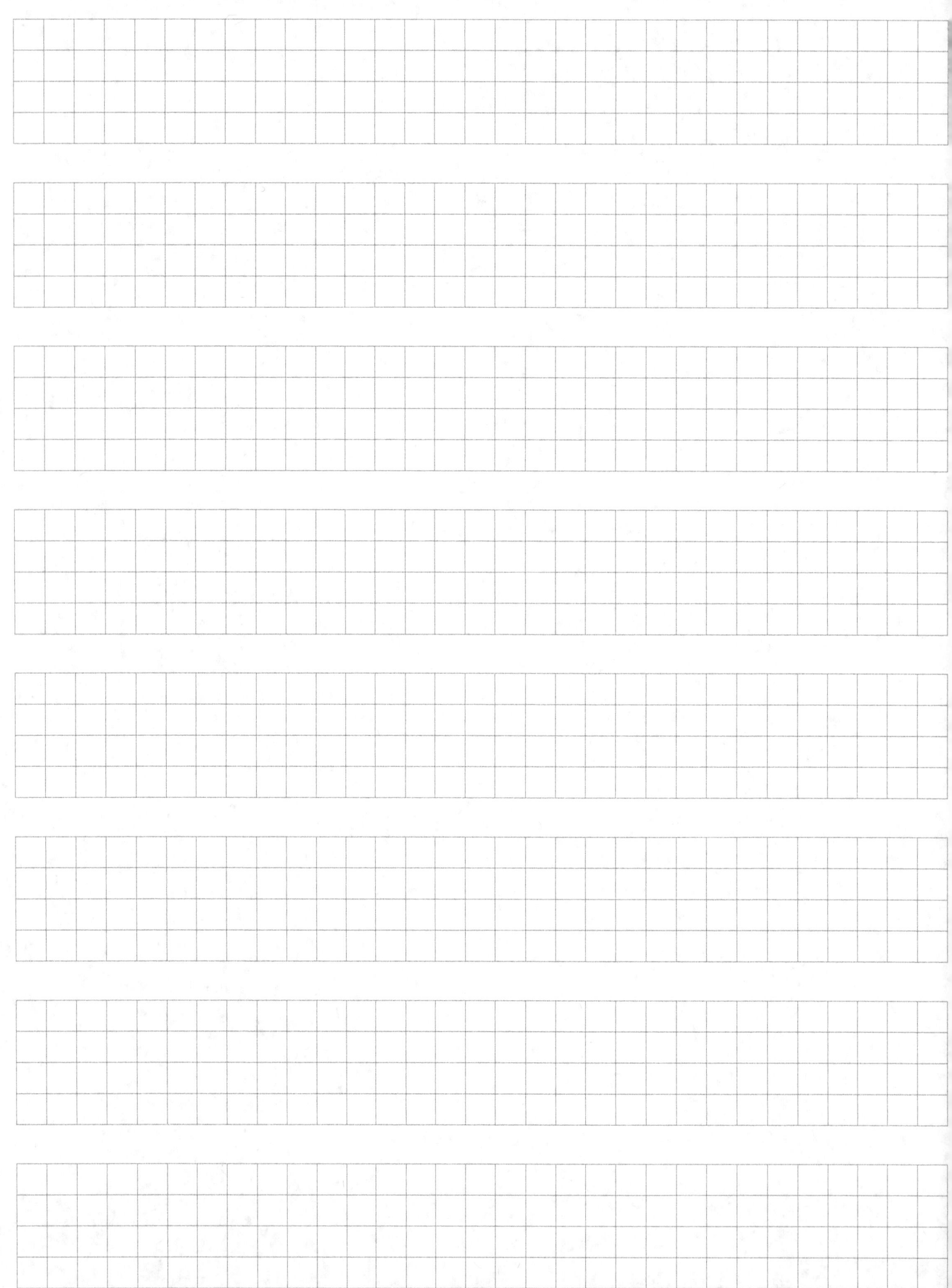

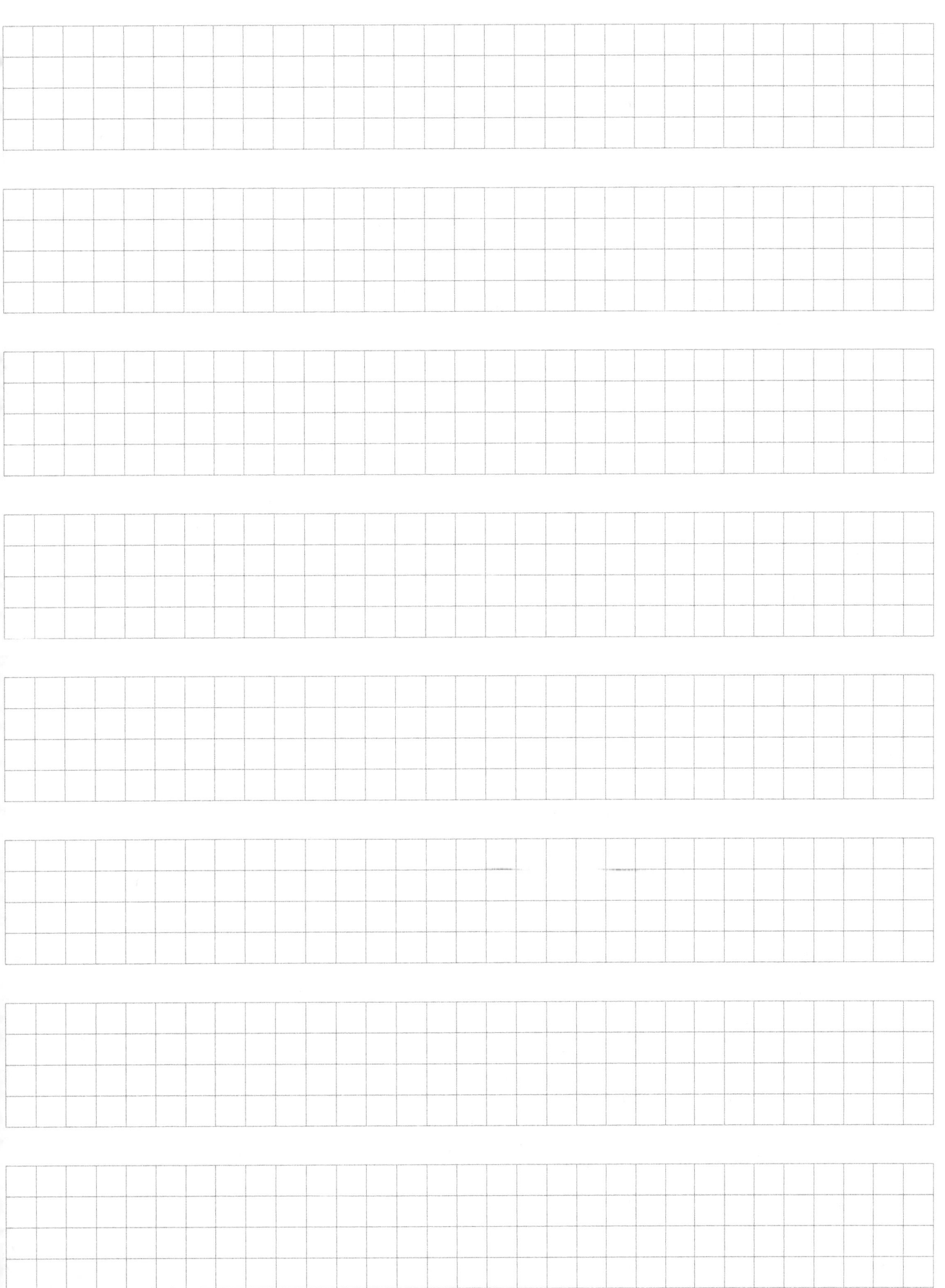

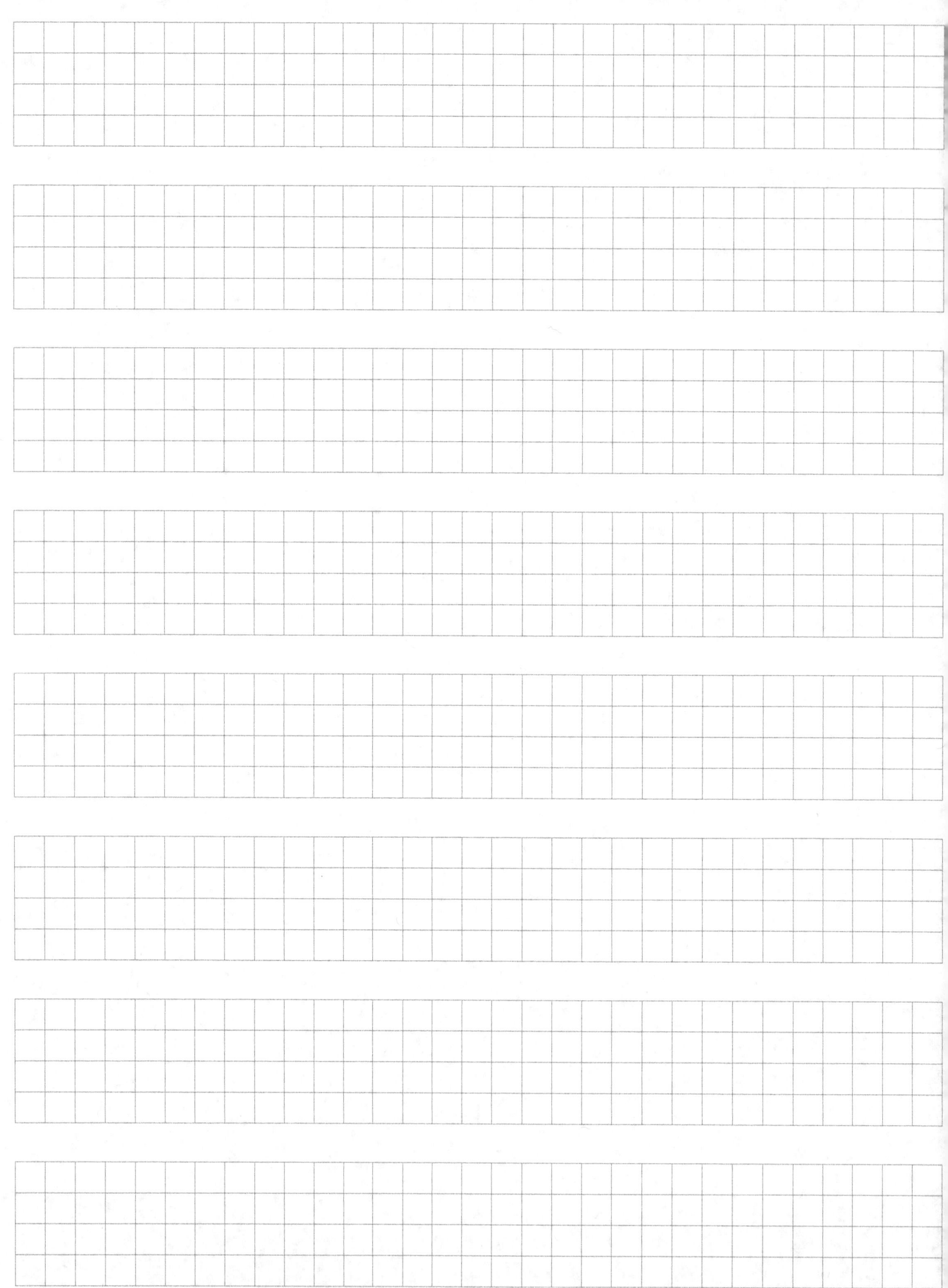

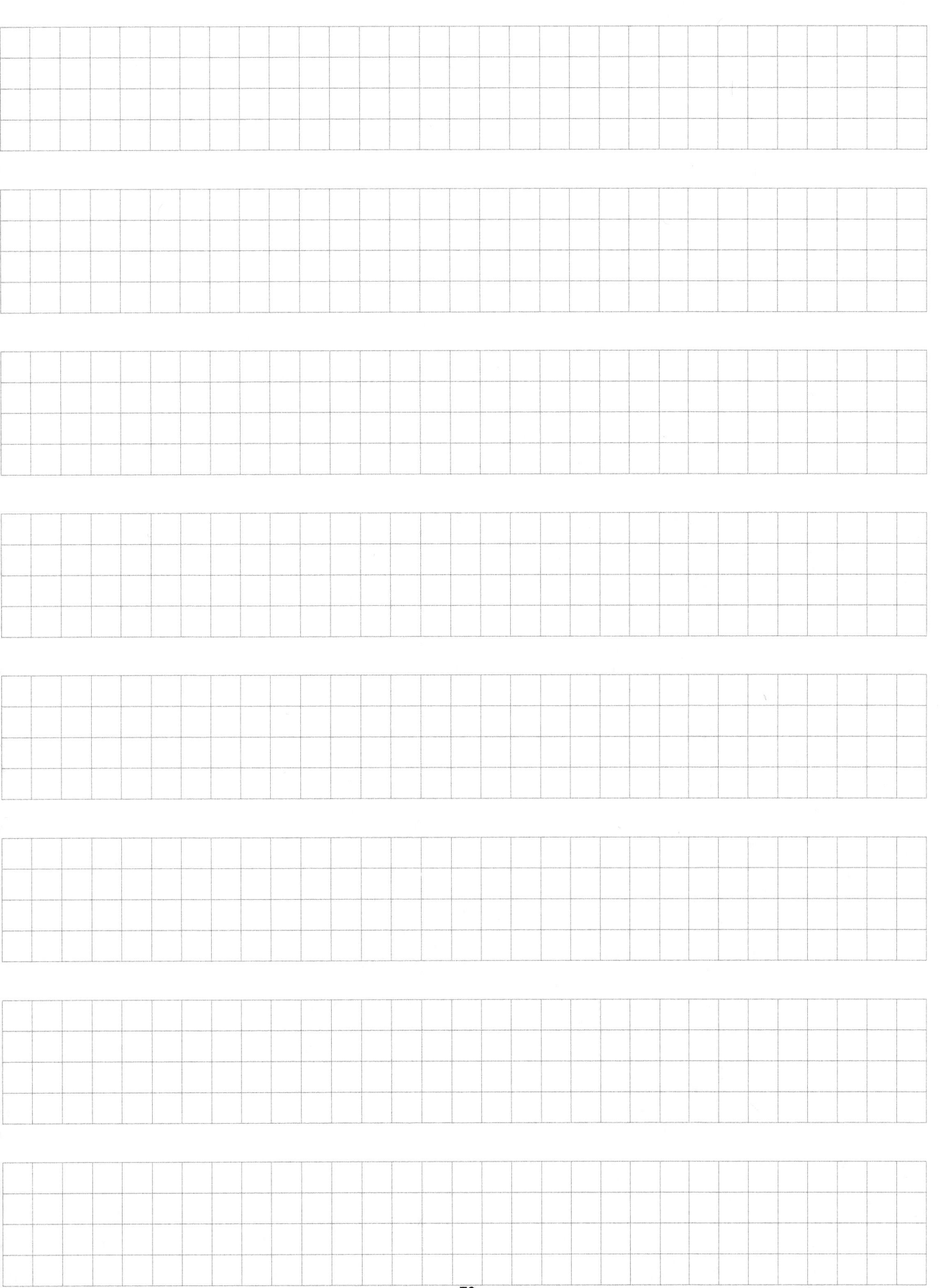

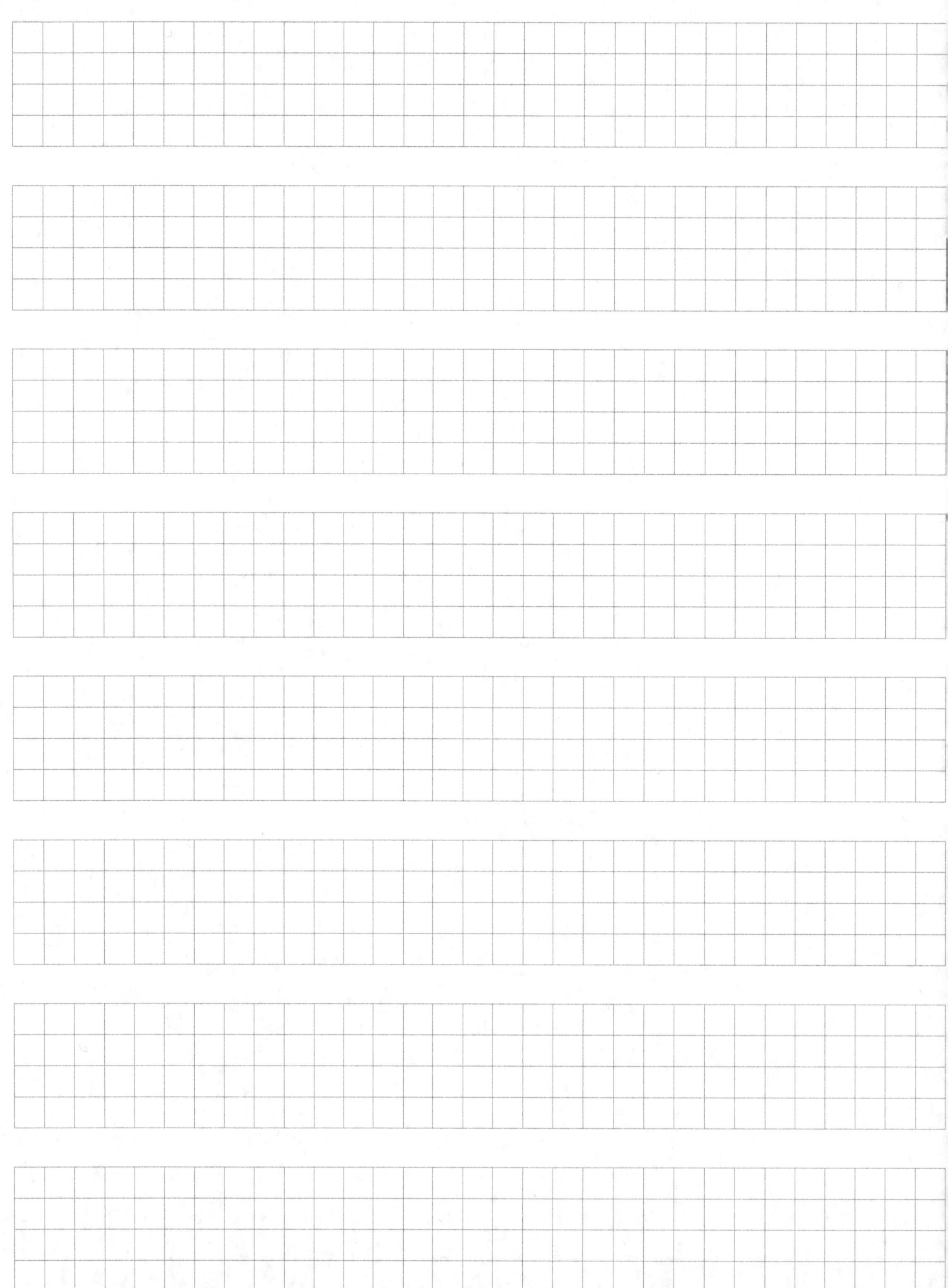

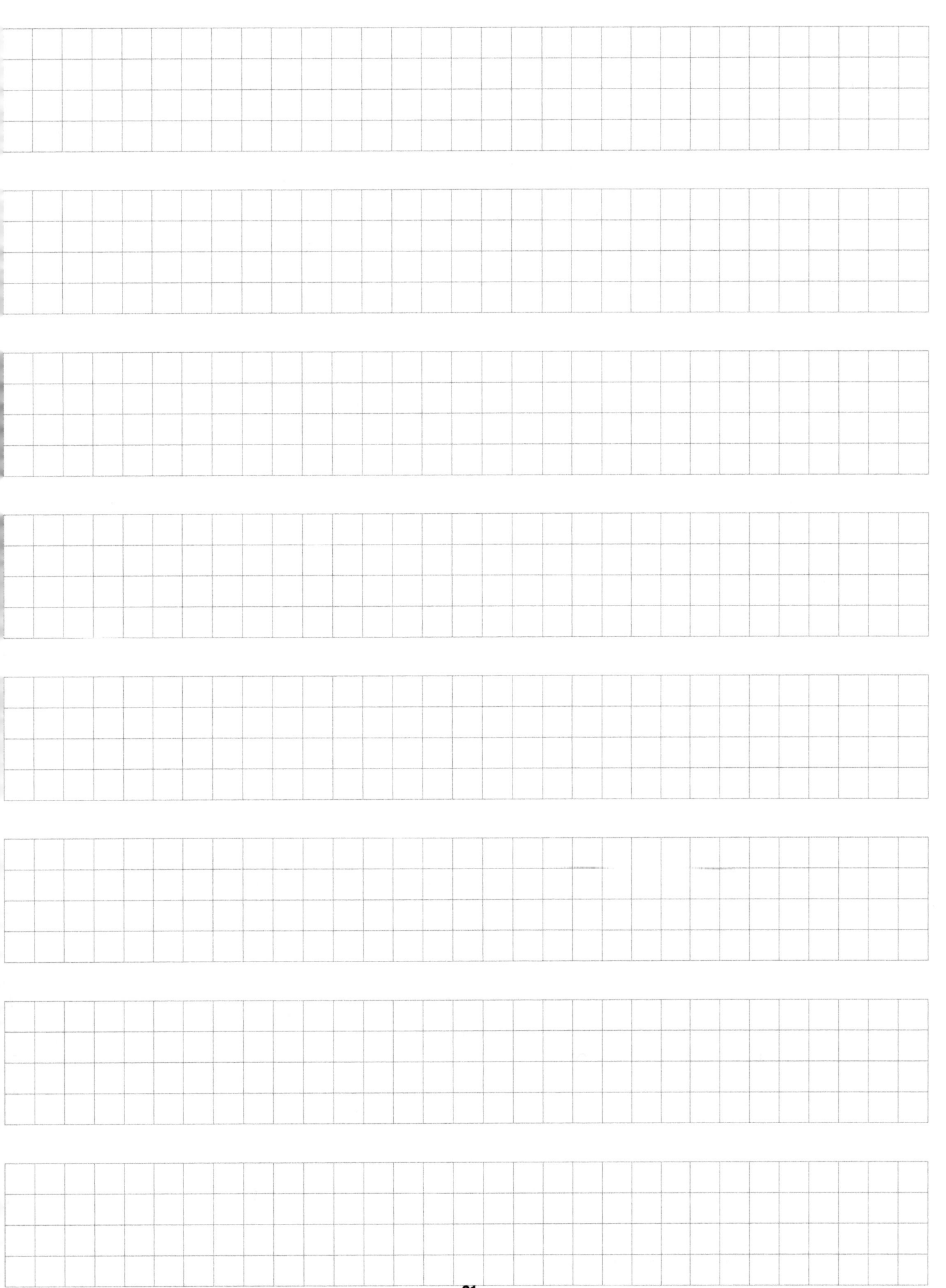

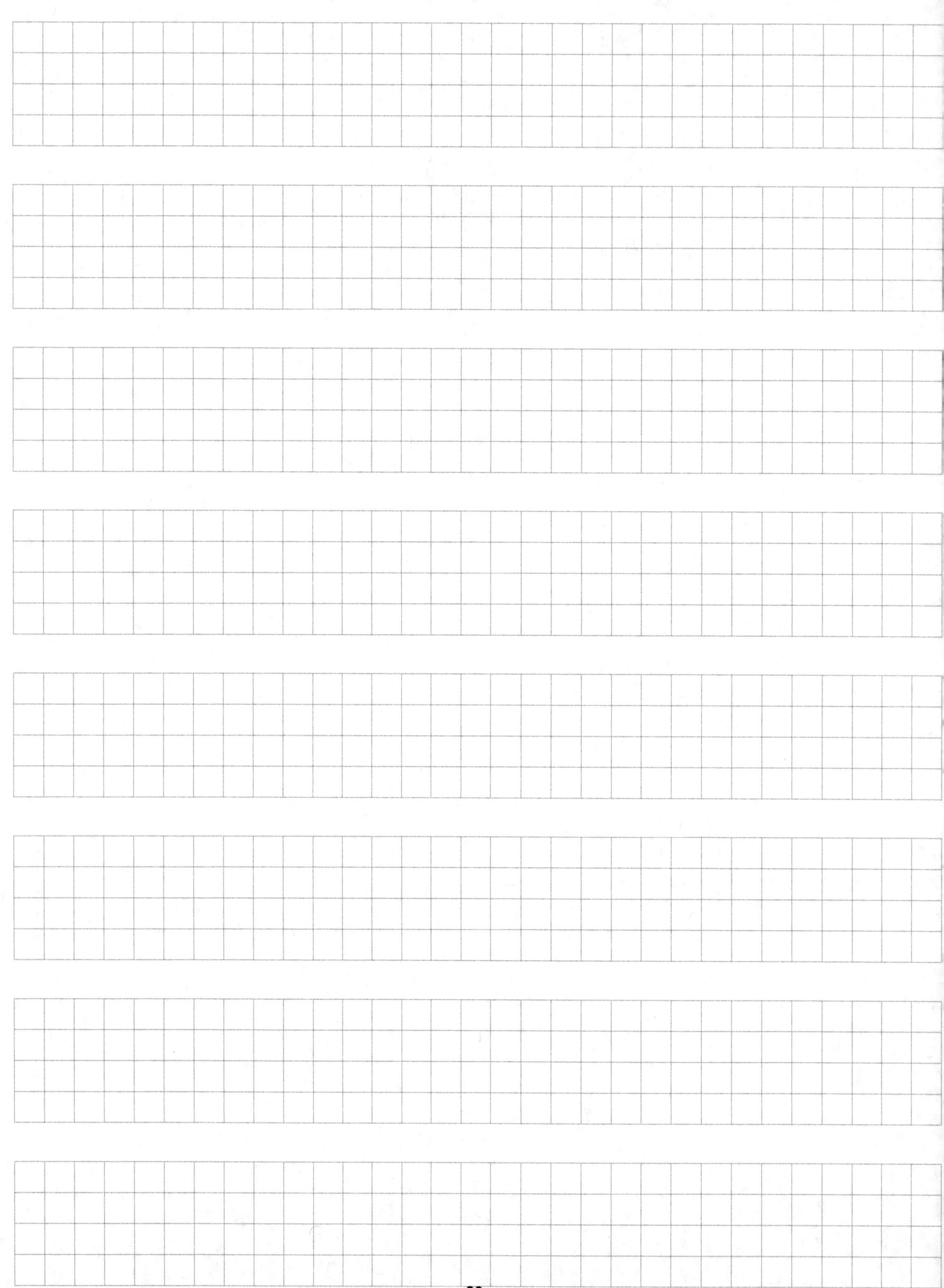

Section 4:
Dot Grid Form

A A
a a
B B
b b
C C
c c
D D
d d

A A
a a
B B
b b
C C
c c
D D
d d

E e
F f
G g
H h

J j
i
j
J j
K
k
L
l

M m
N n
O o
P p

Q q R r S s T t

U u V v W w X x

Y y Z z

Work
Life
Book
Friend

www.ingramcontent.com/pod-product-compliance
Lightning Source LLC
Chambersburg PA
CBHW062111220526
45471CB00010B/3687